welcome
Home 웰컴홈

'탕자의 비유'에 담긴 하나님의 사랑

존티 올콕 지음 | 구지원 옮김

LOST: When the Dream Turns to a Nightmare
by Jonty Allcock

First published in The Good Book Company
with the title of Lost: When the Dream Turns to a Nightmare
Copyright ⓒ 2010 by Jonty Allcock
All rights reserved.

Korean Edition published by Word of Life Press, Seoul 2016
Translated and published by permission.
Printed in Korea.

welcome
Home 웰컴홈

ⓒ 생명의말씀사 2016

2016년 6월 7일 1판 1쇄 발행

펴낸이 | 김재권
펴낸곳 | 생명의말씀사

등록 | 1962. 1. 10. No.300-1962-1
주소 | 서울시 종로구 경희궁1길 5-9(03176)
전화 | 02)738-6555(본사) · 02)3159-7979(영업)
팩스 | 02)739-3824(본사) · 080-022-8585(영업)

기획편집 | 임선희
디자인 | 조현진
인쇄 | 영진문원
제본 | 정문바인텍

ISBN 978-89-04-10123-8 (03230)

저작권자의 허락 없이 이 책의 일부 또는 전체를
무단 복제, 전재, 발췌하면 저작권법에 의해 처벌을 받습니다.

welcome Home 웰컴홈

※ 이 책에 인용된 성경 본문은 현대인의 성경(생명의말씀사)입니다.

I

어떤 사람에게 두 아들이 있었다. 그런데 작은 아들이
"아버지, 제 몫으로 돌아올 재산을 주십시오." 하고 말하였다.
그래서 아버지는 재산을 갈라 두 아들에게 나누어주었다.
며칠 후 작은 아들은 자기 재산을 다 정리하여
먼 나라로 가서 방탕한 생활을 하다가 재산을 모두 날려버렸다.
가진 것은 다 써버리고 그 나라에 심한 흉년까지 들어 비로소 굶주리게 되자
그는 하는 수 없이 그 나라의 어떤 시민에게 가서 몸붙여 살게 되었는데
주인이 그를 들로 보내 돼지를 치게 하였다.
그는 너무도 배가 고파 돼지가 먹는 쥐엄나무 열매로 배를 채우려 했지만
그것마저 주는 사람이 없었다.
그제서야 그는 제정신이 들어 말하였다.
"내 아버지의 집에는 양식이 풍부하여 많은 일꾼들이 먹고도 남는데
나는 여기서 굶어 죽는구나!
그렇다. 아버지에게 가서 이렇게 말씀드려야지.
아버지, 제가 하늘과 아버지께 죄를 지어
이젠 아버지의 아들이라고 할 자격도 없습니다.
다만 저를 일꾼의 하나로 써 주십시오."
그러고서 그는 일어나 아버지에게 갔다.
그러나 아버지는 그가 멀리서 오고 있는 것을 보고
측은한 마음이 들어 달려가서 아들을 얼싸안고 입을 맞추었다.
그러자 아들은 "아버지, 제가 하늘과 아버지께 죄를 지어
이젠 아버지의 아들이라고 할 자격도 없습니다.
(다만 저를 일꾼의 하나로 써 주십시오)."라고 하였다.

그런데도 아버지는 종들에게 이렇게 말씀하셨다.
"어서 제일 좋은 옷을 내어다가 입히고
손가락에 반지를 끼우고 신발을 신겨라.
그리고 살진 송아지를 끌어와 잡아라. 우리 함께 먹고 즐기자.
나의 이 아들은 죽었다가 다시 살아났고 잃었다가 다시 찾았다."
그러자 그들은 즐기기 시작했다.
한편 밭에 나갔던 큰아들은 돌아오다가
집 근처에 왔을 때 풍악 소리와 춤추는 소리를 듣고
종 하나를 불러 무슨 일이냐고 물었다.
이때 그 종은 "당신의 동생이 돌아왔습니다.
그래서 주인께서는 건강한 모습으로 돌아온 그를
다시 맞아들이게 되었다고 살진 송아지를 잡았습니다." 하고 대답하였다.
그러자 그는 화를 내며 집에 들어가려고 하지 않았다.
그의 아버지가 나와서 사정했으나 그는 아버지에게 이렇게 말하였다.
"제가 여러 해 동안 아버지를 섬겨 왔고
아버지의 명령을 어긴 일이 없는데도
제게는 친구들과 함께 즐기라고 염소 새끼 한 마리도 주신 일이 없습니다.
그런데 창녀들과 놀아나다 아버지의 재산을 다 없애버린 동생이 돌아왔다고
아버지는 살진 송아지까지 잡으셨습니다."
그래서 아버지가 대답하였다.
"얘야, 너는 항상 나와 함께 있으니 내가 가진 모든 것이 다 네 것이 아니냐?
그러나 네 동생은 죽었다가 다시 살아났고 잃었다가 다시 찾았으므로
우리가 즐거워하고 기뻐하는 것이 마땅하다."

눅 15:11-32

목 차

시작하는 글 - 그분을 만날 준비가 되었는가? 08

1. 꿈을 찾아서

꿈꾸는 아들 19 | 버림받는 것 22 | 잡아채다 23 | 떠나다 25 | 탕진하다 27 | 누구에게나 꿈이 있다 28 | 생각하라 35

2. 비상착륙

콸콸콸 40 | 꼬르륵 꼬르륵 43 | 쾅! 44 | 사기당하지 마라 46 | 조심, 또 조심! 47 | 희망의 빛 48 | 생각하라 50

3. 환영한다, 아들아!

감동적인 환영 57 | 생각하라 62 | 놀라운 변신 63 | 교환 68 | 주께 나오라 70 | 기쁨 가득한 환영 73 | 생각하라 77

4. 파티를 놓치다

헌신한 아들? 82 | 울화통 85 | 아버지를 사랑하지 않는다 88 | 생각하라 98 | 아버지가 사랑하는 것을 사랑하지 않는다 100 | 우리의 모습 103 | 생각하라 106

마치는 글 - 어디로 가야 할까? 108
마지막 당부 - 여기서 멈추면 안 된다 110

시작하는 글 - 그분을 만날 준비가 되었는가?

많은 세무원과 죄인들이 예수님의 말씀을 들으려고 모여들었다.
그러나 바리새파 사람들과 율법학자들은
"이 사람이 죄인들을 환영하고 함께 음식까지 먹는다."
하고 투덜댔다. 눅 15:1-2

내 나이 서른셋. 지난 33년을 살면서 인류 역사에 훌륭한 공헌을 했다고 말할 수 있으면 좋으련만 별로 그렇지 못하다. 페이스북을 찾아보니 지금까지 나는 줄곧 몇 명과 간신히 친구 관계를 유지하고 있다. 시험도 몇 개 패스했다(물론 실패도 했다). 저글링을 할 줄 안다. 수영 보조기구를 착용하고

5미터를 헤엄칠 수 있다는 것을 증명해줄 배지도 갖고 있다. 어떤가? 이 정도면 훌륭하지 않은가?

다행히도 이 책은 나에 관한 얘기가 아니다. 온전히 예수님에 관한 책이다.

예수님도 이 땅에서 나처럼 약 33년을 사셨다. 하지만 그분은 33년 동안 세상을 완전히 뒤집어 놓으셨다. 그분의 짧은 인생은 인류 역사의 중심이다. 어느 면으로 보나 그분은 훌륭한 인생을 사셨다. 세상의 수많은 사람들이 그분을 따르며 왕으로 모신다. 대체 왜 그토록 야단법석을 떠는 건지 당신과 함께 이 책에서 밝혀보면 좋겠다.

이 책에서 우리는 예수님의 여러 비유 중에서 하나를 살펴볼 것이다. 그리고 이 이야기는 우리가 진짜 예수님을 대면하게 해줄 것이다.

자, 그분을 만날 준비가 되었는가?

이야기는 매우 단순하다. 농장을 운영하는 아빠와 두 아들의 이야기다. 그렇다고 순진하게 멋진 동화일 거라 착각하지는 마라. 다소 충격적인 이야기니까. 예수님께 직접 이 이야기를 들은 사람들 중에는 분노를 터뜨린 사람도 있었다. 그들은 수군대며 불만을 품었다. 이 이야기가 대단히 거슬렸기 때문이다. 그래서 그들은 예수님을 싫어했다. 너무 싫어한 나머지 죽이고 싶을 정도였다.

반면 그들 중에는 이 단순한 이야기에 매료된 사람들도 있었다. 이 이야기는 자신들이 들어본 것 중 가장 숨죽이게 만드는 이야기였으니까.

그래서 시작하기 전에 경고를 하나 해야겠다. 이야기가 끝나면 당신은 매우 화를 낼 수도 있다. 아니면 심장이 터질 것처럼 기쁠 수도 있다. 그만큼 이 이야기는 강력하다. 어떤가? 정말로 들을 준비가 되었는가?

예수님이 이 이야기에서 우리에게 전해줄 말씀은 다음과 같이 압축된다.

예수님은 죄인을 환영하신다.

이건 당시 종교지도자들이 예수님에게 내민 고소장이기도 하다. 그들은 행복하지 않았다. 어마어마하게 많은 사람이 수 킬로미터를 이동하며 예수님의 말씀을 들으러 왔다. 그것만으로도 이미 종교지도자들의 마음을 불편하게 만들었는데, 게다가 예수님을 찾아온 그들은 착한 사람들도 아니었다. 줄기차게 예수님의 꽁무니를 쫓는 군중은 바로 죄인들, 세리들(알다시피 당시엔 강도로 통했다) 같은, 소위 '나쁜 놈'들이었다. 그런데도 예수님은 그들을 성가시게 여기지 않으셨다. 오히려 그들을 기뻐하시는 것 같았다. 그러니 도무지 이해가 되지 않았다. 예수님은 그들과 친구가 되셨다. 죄인들을 환영하셨다.

그때 예수님이 군중 속에서 수군대는 소리를 들으시고 그들에게 이 비유를 말씀하셨다. 예수님의 응답 방식은 매우 강력했다.

"그래, 네 말이 옳다. 나는 죄인을 환영해!"

이게 바로 예수님의 민낯이다. 이것이 그분이 오신 이유다.

얼마나 예쁘고 잘생겼는지, 얼마나 날씬한지, 얼마나 착한지, 얼마나 규칙을 잘 따르는지, 얼마나 돈이 많은지, 얼마나 머리가 좋은지 등으로 받아들일지 말지를 결정하는 세상에 날아든 좋은 소식이 있다.

예수님은 죄인을 환영하신다.

많은 이들이 죄책감을 느끼고, 자신이 무가치하며, 사랑받을 자격 없다고 느끼는 세상에 들려온 좋은 소식이 있다.

예수님은 죄인을 환영하신다.

이제 지금부터 나와 함께 이 놀라운 이야기의 능력과 감동을 경험해보자. 죄인을 환영하는 그분을 만나러 가자.

어떤 사람에게 두 아들이 있었다. 그런데 작은 아들이
"아버지, 제 몫으로 돌아올 재산을 주십시오." 하고 말하였다.
그래서 아버지는 재산을 갈라 두 아들에게 나누어주었다.
며칠 후 작은 아들은 자기 재산을 다 정리하여
먼 나라로 가서 방탕한 생활을 하다가 재산을 모두 날려버렸다.

눅 15:11-13

1. 꿈을 찾아서

학창 시절 나는 금요일 오후가 싫었다. 100분짜리 수학 수업이 있었기 때문이다. 한 주를 마무리하는 방법으로는 너무 끔찍했다. 천천히 흐르는 그 시간 동안 나는 생존을 위해 몸부림쳤다. 어떤 때는 수학 공책 가득히 낙서를 했다(3분 정도는 만족스럽다). 눈을 뜬 채 자 보기도 했다(해본 사람은 알겠지만 결코 쉽지 않다). 선생님 말씀에 귀 기울여 보기도 했다(대단하지 않은가? 맞다. 그만큼 필사적이었다).

정말 별로였다. 도무지 숨을 데가 없었다. 그게 공식적인 스케줄이라는 사실이 내 인생을 몹시 따분하게 만들었다.

결국 나는 내 마음이 흘러가는 대로 내버려두었고 꿈을 꾸기 시작했다. 앞으로 내 인생이 어떻게 펼쳐질까 생각했다. 첫 싱글 앨범을 발매하는 꿈을 꿨다. TV에 출연하는 꿈도 꿨다(비밀을 지켜주기 바란다). 총을 든 복면강도가 교실로 쳐들어오면 내가 어떻게 친구들을 구해야 할지에 대해서도 상상했다(별 이상한 놈을 다 보겠다고?). 그러다 보면 수업을 마치는 종이 울렸다.

우리가 왜 그토록 많은 시간을 공상에 잠기는지 아는가? 인생엔 작고 따분한 우리 존재 이상의 무언가가 있을 거란 느낌 때문이다. 최신 할리우드 영화를 보면 이상하게 허탈하다. TV 오디션 프로에서 다른 사람의 꿈이 이뤄지는 걸 보면 왠지 모르게 약이 오른다. 이 세상 모두가 즐겁게 사는 것 같은데 나만 작고 따분한 세상에 갇혀버린 것 같다. 그래서 "만약 …라면? …라면 어떨까? …이기만 하다면…."이라고 혼자 중얼거린다.

어떤 이들의 꿈은 거창하다. 로또 당첨되기, 세계적인 축구 선수 되기, 기록 세우기 같은 것 말이다. 반면 조금 소심한 야망도 있다. 시험에 합격하기, 여자 친구 사귀기, 운전면허 따기 등이다.

그게 무엇이건, 우리는 모두 재미와 돈과 행복이 더 많은, 보다 나은 인생을 꿈꾼다. 게다가 그 꿈은 대단히 강력하다. 우리를 만족시켜주겠다고, 행복하게 해주겠다고, 권태감에 종지부를 찍어주겠다고, 의미 있는 인생으로 만들어주겠다고, 갈증을 해소하고 의미를 찾아주겠다고 약속한다.

당신의 꿈은 무엇인가?

꿈꾸는 아들

누가복음 15장에서 예수님은 놀라운 비유를 말씀하신다. 그 이야기는 한 젊은이에게서 출발한다. 꿈이 있는 한 젊은이 말이다.

그는 아빠와 형과 함께 농장을 운영하며 살아간다. 행복한 대가족이다. 모든 게 완벽해 보인다.

물론 아닐 수도 있다. 그 젊은이는 올드 맥도널드 농장

('Old McDonal had a farm'이라는 동요, 우리나라에서는 '박첨지는 밭 있어'로 불리는 동요에 나오는 농장을 말한다 – 역주) 생활에 신물이 나서 더 큰 것, 더 좋은 것을 꿈꾼다. 그에게는 큰 꿈이 있었다. 남은 인생을 젖소 뒤치다꺼리나 하며 보내고 싶지 않았다.

어쩌다 이런 생각을 하게 되었을지 한번 상상해보자. 매일 아침 잠에서 깨어 일하러 간다. 아빠가 시키는 일은 뭐든지 해야 한다. 열심히 일해야 한다. 그는 자신을 종처럼 느꼈을 거다. 그건 피할 수 없는 스케줄이다. 그의 인생은 따분하다. 그래서 땅을 파는 내내 마음이 공허하다. 점점 꿈이 확고해지기 시작한다.

매일매일 아들은 짐을 싸서 도시로 떠나는 날을 꿈꾼다. 그곳에서 경험하게 될 일을 꿈꾼다. 여자와 파티와 웃음, 자유 같은 것들이다.

그러나 한 가지 문제가 있다. 그의 꿈으로 가는 길에 장애물이 있는 것이다. 그것은 바로 아빠다. 아빠가 살아계신 동안엔 떠날 수가 없다. 아빠가 살아계신 한 둘째 아들인 그에게는 자기 소유의 돈이 없다.

하지만 아빠가 돌아가시면 그는 부자가 된다. 결국 아들이 할 수 있는 일이라곤 기다리는 것뿐이었다. 기다리고 또 기다리는 것. 그렇게 아들은 아빠가 돌아가시기를 기다렸다.

그 아들의 표정에 드러났을 실망감을 한번 상상해보라. 매일 아침 일어나 아버지가 전날 밤도 무사히 버텨내신 걸 발견한다.

"아빠, 오늘도 살아계시네요?"

아들에겐 아버지를 향한 사랑이 전혀 없다. 그건 매우 분명하다. 아들에게 중요한 거라곤 자기의 원대한 꿈뿐이다. 시간이 지체될수록 집은 점점 감옥이 되어간다.

이 따분한 삶을 얼마나 더 견뎌야 할까?

떠나는 날까지 얼마가 남은 걸까?

덫에 갇힌 것 같다. 그날이 오기까지 계속 기회를 엿보지만, 더 이상 견딜 수가 없다.

결국 그는 선택한다. 아빠를 버리고 꿈을 좇기로 말이다.

버림받는 것

버림받는 건 끔찍한 경험이다. 생각해보라. 연인들이 이별하면서 "넌 나한테 차인 거야."라고 말하는 건 정말 가혹하다. 언젠가 내 친구 하나가 연인에게 버림받은 후 자동차 뒤에서 울부짖던 게 생각난다. 그런 순간엔 누구나 자신이 무가치한 쓰레기처럼 내던져졌다고 느끼게 된다.

그게 바로 아들이 아빠에게 한 짓이다. 그는 아빠를 버린다. 아빠를 낡은 골동품처럼 취급하며 쓱 가버린다. 그는 결국 자유가 됐다. 아빠를 버렸다. 이제 자신의 꿈을 좇을 수 있게 됐다.

충격적이다. 아들의 행동은 정말 끔찍하다. 아들이 아빠를 어떻게 다루는지 자세히 살펴보자. 그것은 이 세 마디로 요약된다.

'잡아채다.' '떠나다.' '탕진하다.'

잡아채다

|

 아들은 아빠에게 터무니없는 요구를 했다. "아버지, 제 몫의 재산을 주십시오."

 감사의 말 한 마디도, 일말의 존경심도 없다. 그저 탐욕스런 손을 뻗어 자기가 잡을 수 있는 것을 잡아챘다.

 그의 행동은 마치 세 살배기 아이 같다. 유아들은 자기가 원하는 것을 매우 단순한 방법으로 얻는다. 그냥 잡아채는 식으로 말이다. 당신도 그런 장면을 본 적이 있을 것이다. 세 살배기 아이는 재밌어 보이는 장난감을 가진 또래 친구를 보면 아장아장 걸어가서 장난감을 꽉 쥐고 잡아챈다. 그리고 그 약탈물을 가지고 도망친다. 빠르다. 속수무책인 희생자는 남겨진 채 운다. 이런 모습은 결코 예쁘지 않다. 어느 부모도 "어머, 귀여워라. 장난감을 뺏어왔구나!"라고 말하지 않는다. 그런 상황은 정말로 보기 흉하다.

그런데 이야기 속의 둘째 아들이 전형적인 세 살배기 전략을 사용하고 있다. 그는 자기가 원하는 걸 찾았고, 그걸 얻으려 한다. 아장아장 걸어가 잡아챈다. 결코 예쁘지 않다.

아들이 아버지를 사랑하지 않는 게 분명하다. 사실 그는 아빠가 돌아가시길 바랐다.

떠나다

|

 아들의 다음 행보는 도망치는 거다. 자기와 아버지 사이가 가능한 한 멀어지도록 말이다. 집을 떠나, 따분한 일상을 떠나, 아빠를 떠나 달아난다.

 아버지와 멀어져갈수록 아들은 자신의 머리를 치켜세운다. 지금이 그의 전성기다. 지금이 바로 운명의 때다.

 버거킹 광고문구로 그를 요약해 볼 수 있다.

 당신은 원하는 것을 원하는 순간에 가질 권리가 있습니다. 수많은 인생의 메뉴 중 당신이 바로 '오늘의 특별 메뉴'이기 때문이지요. 물론 내일의 특별 메뉴, 모레의 특별 메뉴이기도 합니다. 무슨 뜻인지 아시죠? 예, 맞습니다. 우리는 왕('버거킹'을 가리킨다—역주)일지 모르지만, 당신은 전능한 통치자입니다.

1. 꿈을 찾아서

아들은 자유를 만끽하고 있다. 방금 전 그는 자신이 그토록 원하던 것을 얻었다. 그는 이제 전능한 통치자다.

그러나 아버지의 마음에는 깊은 고통이 있다. 아버지는 버림받았다. 아들은 아버지에게 작별인사조차 하지 않았다.

탕진하다

|

 아들은 도시에 도착한다. 그리고 얼마 후 그가 허랑방탕하게 살면서 재산을 낭비한다는 소식이 들린다. 그는 재산을 전부 탕진한다. 한계가 없다. 원하는 모든 걸 할 수 있다. 그가 무슨 짓까지 저지르는지 정확한 소식은 없지만, 아무튼 그는 꿈대로 살고 있다. 무엇보다 그는 드디어 집이라는 족쇄에서 벗어났다. 아침부터 일하러 갈 필요가 없다. 아빠가 시키시는 일을 할 필요도 없다. 그는 자유다. 지갑에서 돈을 꺼내 쓰면서 아빠에 대한 절대적 거부감을 드러내고 있다. 그 돈은 아빠가 열심히 일해서 저축한 돈이다. 가족을 먹여 살리려고 사랑으로 모은 돈이다. 하지만 우리의 탕자는 그런 데 전혀 관심이 없다. 돈이 다 사라질 때까지 쓰고, 쓰고, 또 쓸 뿐이다.

 아들이 한 짓에 충격 받았는가? 당연하다. 그는 끔찍한 짓을 저질렀으니까.

 그러나 흥분하지 말고 잠깐만 생각해보자. 여기서 요점을 놓치면 안 된다. 예수님은 우리 모두가 하나님을 이와 똑같이 취급했다는 걸 보여주고 싶으셨다.

 충격적이라고? 당연하다.

누구에게나 꿈이 있다

인류의 이야기는 자신의 꿈을 위해 하나님을 버리는 이야기다. 성경이 시작되는 곳으로 돌아가보면, 첫 사람 아담과 하와가 딱 그 짓을 했다는 걸 발견할 수 있다. 그들은 하나님의 사랑스런 피조물이었다. 그들에겐 자신들이 누릴 수 있는 아름다운 세상이 주어졌다. 그들은 하나님의 사랑 가득한 통치 아래 살도록 디자인되었다.

하지만 그들에겐 자기들만의 꿈이 있었다. 창세기 3장에서 우리는 그들이 어떻게 망상에 빠지게 되었는지 읽게 된다.

그들은 하나님처럼 되고 싶었다. 지혜를 꿈꾸고, 자유를 꿈꿨다. 하나님의 통치 아래 있는 게 억압적인 것처럼 보이기 시작했다. '스스로를 다스릴 수 있다면 얼마나 좋을까? 그러면 하나님의 방식이 아닌 나만의 방식대로 살 수 있을 텐데.' 너무도 강력한 꿈이었다.

하지만 한 가지 문제가 있다. 그들의 꿈으로 가는 길에 장애물이 있는 것이다. 바로 '하나님.'

그들은 선택해야 했다. 어떤 길로 갈 것인가?

결국 그들은 하나님을 버리고 자기의 꿈을 좇았다. 성경은 그들이 가져서는 안 되는 것이라고 들은 것 (여호와 하나님은… 이렇게 말씀하셨다… "선악을 알게 하는 과일만은 먹지 말아라"[창 2:15-17]—역주)을 취했다고 말씀한다. 그들은 잡아챘고, 낚아챘다. 아장아장 걸어가 그것을 움켜쥐고 잡아당겼다.

그때부터 줄곧 그것이 인류의 이야기가 되어왔다. 첫 사람 아담과 하와가 하나님을 버린 후, 우리는 모두 그 뒤를 따랐다.

성경의 다른 곳에 이런 기록이 있다.

의로운 사람은 없으니 하나도 없으며
깨닫는 사람도 없고 하나님을 찾는 사람도 없다.
모두 진리에서 떠나 쓸모없게 되었고
선을 행하는 사람이 없으니 하나도 없다. 롬 3:10-12

이 말씀은 충격적이다. 모든 사람이 자기의 꿈을 위해 하나님을 버렸다. 이게 바로 성경이 죄라고 부르는 거다. 죄는 흉하고 끔찍하다. 우리가 하나님에게서 원하는 것을 잡아채는 것, 하나님을 버리고 떠나는 것, 하나님이 주신 것을 모두 탕진하는 것이다.

우리는 종종 죄가 별 문제 아닌 것처럼 치부하고 행동한다.

"재미로 하는 건데 뭐. 아무에게도 해를 끼치지 않잖아. 정신 차려! 하나님 걱정은 그만하고 너 자신을 즐기라고."

이 이야기를 통해 우리는 죄에 관한 진리를 보게 된다. 죄를 짓는 순간마다 우리는 우리의 꿈을 위해 하나님을 버리는 것이다. 그 정도로 심각하다.

매일 나는 선택의 순간에 놓인다. 하나님의 말씀을 따를 것인가, 아니면 내가 원하는 것(나의 꿈)을 따를 것인가?

아마도 다음과 같이 생각될 때가 있을 것이다.

당신의 부모는 세상에서 가장 비합리적인 부모다. 당신은 그들의 유일한 목표가 당신의 꿈을 망쳐놓는 것이라고 확신한다. 그래서 그들에게 심한 말로 쏘아붙이고 당신이 그들에 대해 진짜 어떻게 생각하는지 말해버리고 싶다. 그렇게 하면 기분이 한결 좋아질 것이 분명하다. 하지만 하나님은 우리에게 부모를 공경하라고 말씀하신다. 결국 당신은 선택에 직면한다. 꿈을 좇으려면 먼저 하나님을 버려야 한다.

당신은 아직 미성년자지만 친구들과 클럽에 가고 싶다. 사실 들어갈 때 나이를 속이는 건 문제도 아니다. 모두가 그렇게 한다. 하지만 하나님은 진리를 사랑하시고 우리도 진리를 사랑하기 바라신다. 결국 당신은 선택에 직면한다. 꿈을 좇으려면 먼저 하나님을 버려야 한다.

하나님은 성관계가 부부 사이에서 누리는 놀라운 선물이라고 말씀하신다. 그런데 당신은 남편이 아닌 다른 남자와 사랑에 빠졌고 그 남자 친구는 당신에게 같이 자자고 요구한다. 그러면 당신도 행복할 것 같다. 결국 당신은 선택에 직면한다. 꿈을 좇으려면 먼저 하나님을 버려야 한다.

당신은 축구광이다. 축구는 당신이 말하고 생각하고 꿈꾸는 전부다. 축구가 당신의 모든 걸 빼앗고 있다. 더 열심히 한다면 월드컵에 출전할 수도 있을 것 같다. 그러나 하나님은 말씀하신다. 세상 어떤 것보다 하나님을 더 사랑해야 한다고. 결국 당신은 선택에 직면한다. ······

이제 그만, 그만, 그만!
하나님은 도대체 왜 그러시는 거지? 지금 구닥다리 같은 말씀으로 분위기를 깨시는 건가? 기분 좋게 드라이브하는데 갑자기 차를 세우고 속도위반 딱지를 내미는 경찰처럼?

전혀 아니다!
하나님은 당신을 사랑하신다. 하나님이 당신을 디자인하셨다. 당신을 만드셨고, 당신에게 생명을 주셨다.
하나님은 당신이 행복하기 원하신다. 참된 행복 말이다. 우리는 우리의 꿈밖에 못 보지만, 하나님은 그 꿈이 우리를 어디로 인도하는지까지 보실 수 있다.
게다가 그분은 온 우주를 창조하신 분이다. 의로운 왕이시다. 전능하신 통치자다. 그런데도 우리는 우리의 작은 욕망 때문에 매일 그분을 버린다.

당신과는 아무 상관없는 척하지 말자. 이건 정말 중요하다.

인생에 꿈 이상의 것이 있냐고?

우리의 꿈이 너무 커서 문제가 되는 게 아니다. 오히려 너무 작아서 문제다!

우리는 자기의 꿈을 좇으라고 창조되지 않았다. 훨씬 더 큰 것, 훨씬 더 흥미진진한 것, 훨씬 더 중요한 것, 바로 하나님을 좇으라고 창조되었다.

시편 63편에 이렇게 기록되어 있다. 시편 기자가 자기가 무엇을 위해 살고 있다고 말하는지 들어보라.

하나님이시여, 주는 나의 하나님이십니다.
그래서 내가 간절히 주를 찾습니다.
물이 없어 메마르고 못 쓰게 된 이 땅에서
내 영혼이 주를 애타게 그리워하며
내 육체가 주를 사모합니다. 시 63:1

시편 기자는 세상이 메마르고 고단하다는 것을 알고 있다. 마치 우리를 갈증 나게 만드는 황폐한 사막과 같다. 세상은 결코 우리 인생의 중요한 것들에 대한 갈증을 채워주지 못한다.

그래서 그는 하나님을 간절히 찾고 있다. 그 결과가 무엇인가?

몇 구절 뒤에 그는 이렇게 말한다.

내가 좋은 것으로 배불리 먹고 만족할 것이며
큰 기쁨으로 주를 찬양할 것입니다. 시 63:5

당신이 갈망하는 만족은 돈, 명성, 성공이라는 꿈에서 발견되지 않는다. 당신은 하나님 안에서 만족하도록 디자인되어 있다. 하나님은 우리가 구해야 할 분이다. 간절히 바라야 할 분이다. 갈망해야 할 분이다. 하나님보다 작은 것을 갈망한다면 그건 우리가 중요한 걸 놓치고 있다는 거다. 이에 대해서는 2장에서 더 자세히 살펴보자.

생각하라

잠시 당신의 꿈에 대해 생각해보고, 적어보라.

당신의 꿈은 무엇인가?

지난 한 주 동안 당신을 행복하게 해줄 거라 생각한 것을 좇기 위해 당신은 어떤 식으로 하나님을 버렸는가?

그것에 대해 하나님과 지금 이야기해보는 건 어떨까?

가진 것은 다 써버리고 그 나라에 심한 흉년까지 들어 비로소 굶주리게 되자
그는 하는 수 없이 그 나라의 어떤 시민에게 가서 몸붙여 살게 되었는데
주인이 그를 들로 보내 돼지를 치게 하였다.
그는 너무도 배가 고파 돼지가 먹는 쥐엄나무 열매로 배를 채우려 했지만
그것마저 주는 사람이 없었다.
그제서야 그는 제정신이 들어 말하였다.
"내 아버지의 집에는 양식이 풍부하여 많은 일꾼들이 먹고도 남는데
나는 여기서 굶어 죽는구나! 그렇다. 아버지에게 가서 이렇게 말씀드려야지.
아버지, 제가 하늘과 아버지께 죄를 지어
이젠 아버지의 아들이라고 할 자격도 없습니다.
다만 저를 일꾼의 하나로 써 주십시오."
그러고서 그는 일어나 아버지에게 갔다.
그러나 아버지는 그가 멀리서 오고 있는 것을 보고
측은한 마음이 들어 달려가서 아들을 얼싸안고 입을 맞추었다.

눅 15:14-20

2. 비상착륙

아무도 거짓말에 속는 걸 좋아하지 않는다. 열네 살 때 시장에서 휴대용 TV를 샀다. "5파운드." 그 사람이 말했다. "마지막 남은 거라 싸게 주는 거야. 얼른 팔고 집에 가려고."

웬 떡이람! 그 남자는 최상의 품질을 약속했다. 믿을 수 없을 만큼 싼 값이었다. 난 정말 흥분했다. 하지만 집에 도착해 보니 그 상자는 비어 있었다. 사기를 당한 거다. 마분지로 꽉 찬 마분지 상자를 제 값 다 주고 산 거였다. 나는 너무 실망했다. 사기당하기 딱 좋은 꼭두각시가 된 기분이었다.

이와 같이 우리는 우리의 꿈에 사기당할 위험에 빠져 있다. 당신의 꿈이 거짓말을 하고 있다는 것을 아는가? 꿈은 위대한 약속과 훌륭한 주장을 한다. 행복과 만족을 가져다줄 수 있다고 말하지만, 위기상황이 오면 전부 거짓말이 되어버린다. 꿈은 솜사탕 같다. 겉으로는 매력적이고 만족스러워 보이지만, 크게 한 입 베어 물면 남는 게 없다. 타격이 크다.

 당신의 꿈은 거짓말을 하고 있다.

이것이 바로 이야기 속 탕자가 깨달은 것이기도 하다. 우리는 그가 꿈꾸는 대로 살게 내버려두었다. 광란의 파티 같은, 그가 원하던 모든 것을 하도록 말이다. 그런데 갑자기 거품이 꺼진다. 파티가 끝나고 꿈이 악몽으로 변한다. 그의 인생이 통제 불능으로 곤두박질하기 시작한다. 눈앞에서 모든 꿈이 산산이 부서질 때의 절망감을 당신도 충분히 상상할 수 있을 것이다.
 이제 그 장면을 클로즈업해서 그의 꿈이 비상착륙하는 과정을 좀 더 자세히 들여다보자.

콸콸콸

|

 아들이 전 재산을 탕진했다는 소식이 들린다. 쉽게 말해 돈이 다 떨어졌다는 거다. 목욕물이 하수구로 빠져나가듯 마지막 동전 몇 개까지 콸콸 내려갔고 텅 빈 지갑만 남았다. 문제는 돈이 사라지면서 그의 꿈도 사라진다는 거다. 흥청대는 아들의 라이프스타일을 뒷받침해준 건 아빠의 돈이었다. 그래서 돈이 사라지기 무섭게 꿈도 돈과 함께 사라졌다.

 이에 대해 잠깐 생각해보자. 예수님은 돈에 미친 우리 문화에 경종을 울리고 계신다. 우리는 돈에 사로잡혀 있다. 우리가 열심히 일하는 이유는 좋은 직업을 얻기 위해서다. 좋은 직업을 얻고 싶은 이유는 돈을 많이 벌기 위해서다. 그리고 돈을 많이 벌고 싶은 이유는…… 무얼까?

 단순하다. 돈이 꿈으로 향하는 문의 열쇠이기 때문이다. 돈은 소원을 이뤄주는 지니(알라딘의 요술램프 속 거인요정-역주)다. 그것이 바로 그토록 돈이 필요한 이유다. 우리는 우리에게 행복을 제공하는 건 뭐든지 숭배하기 때문에 돈을 숭배한다.
 하지만 탕자는 돈이 약속을 지키지 않는다는 모진 진리를 배웠다. 오해는 하지 마라. 돈은 당신을 행복하게 만들어줄 수 있다. 멋진 집과 차를 얻게 해줄 수 있다. 파티를 즐기는 라이프스타일로 데려다줄 수 있다. 돈은 당신을 무척 행복하게 만들어줄 수 있다. 잠시 동안만. 그렇게 돈은 당신이 원하는 많은 걸 줄 수 있다. 그러나 우리의 내면 깊은 곳에서 진정으로 원하는 것(우리에게 깊은 기쁨과 만족을 주는 것)을 가져다줄 수는 없다.

게다가 어느 시점이 되면 돈은 당신을 실망시킬 것이다. 돈이 얼마 안 남은 걸 알게 되는 순간에 말이다. 결국 '있어도, 있어도, 더 필요한 게 돈'이라는 덫에 빠진 당신을 발견하게 될 것이다. 인생이 돈에 지배당하고 통제되고 있다는 걸 알게 될 것이다.

무엇보다 돈은 결국 당신을 버릴 것이다. 죽음의 문턱에서 돈의 힘은 사라질 것이다. 돈이 약속한 것들이 비상착륙하게 될 것이다. 당신은 돈을 뒤로한 채 떠나게 될 것이다. 그러니 거짓말 때문에 넘어지지 마라. 사기당하지 마라.

그렇게 아들의 돈은 바닥났다. 하지만 그보다 더한 최악의 상황이 남아 있었다.

꼬르륵 꼬르륵

흉년이 나라를 덮쳤다. 우리의 탕자가 큰 어려움에 빠졌다. 그는 자신감과 자부심을 가득 안고 고향집을 떠났다. 그런데 상황이 너무도 달라져 난생처음 궁핍에 처하게 된다.

그는 고향집에서 풍성한 식탁과 따뜻한 침대를 누리는 데 익숙했다. 주머니를 아빠 돈으로 가득 채웠을 땐 풍성히 누리며 살았다. 그런데 이제 더 이상은 불가능하다. 꼬르륵 소리가 웃음소리를 대신하게 됐다.

그의 머릿속은 더 이상 웅대한 아이디어와 근사한 꿈으로 가득하지 않다. 그가 신경 쓰는 건 오로지 '다음 한 끼를 어디서 때워야 하나?'다. 삶은 이제 생존의 문제가 되었다. 그는 온전히 겸허해졌다.

그런 말 있지 않은가? 교만이 패망으로 가는 길이라는…….

하지만 믿을 수 없게도, 그에게는 아직 더 떨어질 곳이 남아 있다.

쾅!

|

그는 돈이 필요하다. 그것도 급하게 필요하다. 일자리를 찾을 수 있다면 삶을 추스를 수 있을 거다. 그래서 동네 농장에 일하러 갔다. 그건 그가 할 줄 아는 일이니까. 하지만 이게 얼마나 미친 짓인지 아는가? 그가 아빠 농장의 따뜻함, 쾌적함, 가족을 떠난 이유가 바로 농장에서 일하는 게 '종노릇'이라는 확신에서 비롯된 것이고, 그래서 자유를 꿈꾸었기 때문이다. 그런데 그가 농장에서… 진짜 종으로… 인생을 마감하게 되었다.

게다가 상황은 점점 더 나빠졌다. 그는 돼지를 치라고 들로 보내졌다. 선택의 여지가 없다. 따지지도 못한다. 다른 도리가 없다. 잠자코 시작해야 한다.

그야말로 스펙터클한 비상착륙이다. 이보다 더 낮아질 순 없다. 당시 유대인은 돼지와 접촉하는 것을 꺼렸다. 돼지와의 접촉은 의식(儀式)적으로 부정하게(하나님이 보시기에 더 럽다는 뜻이다) 만들었기 때문이다.

부정하다는 것은 하나님께 부적당하고 하나님의 백성으로서 부적당하다는 뜻이다.

자, 여기 탕자가 있다. 돼지와 함께 말이다. 더럽다. 가망이 없다. 절망적이다.

뿐만 아니라 그는 배고프다. 아무도 그에게 먹을 것을 주지 않는다. 너무나 절망적인 그는 심지어 돼지를 질투한다. 우울하기 짝이 없다. 냄새나는 돼지떼가 그보다 양질의 삶을 살고 있다니.

그는 행복을 좇았지만 비참으로 곤두박질하는 결과를 맞이했다. 그가 원했던 즐거움은 공허함으로 끝났다. 그는 고향집에서 멀리 떨어져 있다. 하나님에게서 멀리 떨어져 있다. 길을 잃었다.

그를 안쓰럽게 여기기 전에 그가 어쩌다 돼지들과 함께 있게 된 건지 이유를 좀 떠올려보라. 그에겐 훌륭한 집, 풍성한 음식, 사랑하는 아버지가 있었다. 그런데 꿈을 좇기 위해 전부 다 버렸다. 이건 그가 선택한 인생이다. 아빠 없는 인생이다. '자유'의 인생이다. 하지만 실상은 그의 꿈이 그에게 거짓말을 했던 거다. 꿈은 그에게 약속한 것을 지키지 못했다.

사기당하지 마라

이 말은 꿈을 좇는 것의 위험을 알리는 중요한 경고다. 꿈을 좇는 게 옳게 느껴질 수 있다. 현명해 보일 수 있다. 진짜 재밌을 수 있다. 하지만 그 끝은 언제나 비상착륙이다. 그날을 마감할 때, 꿈은 약속을 지키지 못한다. 꿈은 당신을 종살이로 인도한다. 당신은 결국 탕자가 될 거다.

당신은 당신만의 꿈을 좇으라고 창조된 게 아니다. 하나님을 추구하도록 창조되었다. 하나님을 갈망하도록 디자인되었다. 하나님을 예배하도록 안내받고 있다. 그것이 당신 인생 최고의 목적이다. 그보다 나은 것을 얻는 인생은 없다. 그 이하의 것은 우리에게 언제나 공허함을 남길 것이다. 우리가 꿈을 좇기 위해 하나님을 버리게 되면 더러운 돼지와 함께 배고픔과 외로움에 남겨질 것이다.

꿈을 좇으려는 이 필사적인 욕망이 수많은 사람을 파멸로 몰아간다. 예수님은 잔인할 정도로 우리에게 솔직하시다. 우리에게 필요한 건, '깨어나서' 더러운 돼지 냄새를 맡는 거다. 인생에서 가장 중요한 건 내가 아니다. 내 꿈도 아니다. 내가 원하는 바도 아니다. 그보다 훨씬 큰 무언가가 있다.

조심, 또 조심!

하나님은 교만한 인간이 하나님을 버리고 꿈을 좇는 걸 허락하지 않으실 것이다. 그 대신 비상착륙을 유도하실 것이다. 야고보서는 "하나님은 교만한 사람을 대적하시고"(약 4:6)라고 기록한다.

성경 다른 곳에서도 거듭 발견할 수 있다. 창세기 11장의 바벨탑을 살펴보라. 인간이 거대한 건물을 지어 자기 이름을 내겠다는 꿈을 위해 하나님을 버렸을 때 무슨 일이 일어났는지. 하나님은 그들을 멈추기 위해 내려오셨다.

다니엘 4장에 기록된 바벨론의 공중정원에도 가보라. 교만한 느부갓네살 왕이 자기가 세운 강력한 성읍을 바라볼 때 그에게 무슨 일이 일어났는지 말이다. 하나님은 그를 낮추셨고 소와 함께 풀을 먹도록 쫓아내셨다.

사도행전 12장의 예루살렘 궁전에서 일어난 일도 읽어 보라. 교만한 헤롯 왕이 왕좌에 앉아 마치 자신이 하나님이라도 된 것처럼 행동할 때 그에게 무슨 일이 일어났는지 보라. 그는 벌레에 먹혀 죽고 말았다.

늘 그렇다. 하나님을 버리고 꿈을 좇는 건 언제나 비상착륙으로 끝나게 마련이다.

2. 비상착륙

희망의 빛

우리의 탕자가 엉망진창이다. 그의 꿈은 너덜너덜해졌다. 바로 그때 그는 처음으로 현명한 행보를 보인다. 돼지 먹이에 만족하지 않고 두뇌를 쓰기 시작한다. 예수님은 그가 스스로 돌이켰다고 말씀한다. 마침내 그는 생각이란 걸 시작한다. 속이는 걸 멈추고 현실을 직시하기 시작한다.

아들은 아버지에 대해 곰곰이 생각해본다. 고향집에 대해서도 생각해본다. 자기가 속한 곳이 어디인지를 기억해낸다. 고향집을 그리워하기 시작한다. 이 깨달음을 얻기 위해 먼 길을 돌아와야 했다. 그리고 이제 돌아갈 준비가 됐다.

어쩌면 밑바닥을 쳤을지 모른다. 가망이 없다고 느낄지 모른다. 인생이 엉망진창이라서 다시는 바로잡을 수 없어 보일지도 모른다. 그게 바로 당신이라면, 생각해보라. 꿈이 당신을 어디로 데려왔는지 말이다. 그런 다음 현실을 직시하라. 변명 따윈 집어

치워라. 자기 연민도 버려라. 정직하게 인생을 바라보라. 그리고 계속 생각하라. 당신이 산산이 부서진 꿈에 만족하지 않는다는 게 매우 중요하다. 당신은 그 이상의 것을 위해 창조되었다. 포기하지 마라. 절망하지 마라. 계속 생각하라.

하나님에 대해서도 생각해보라. 당신을 창조하시고 사랑하시는 하나님 말이다. 당신이 추구해온 공허한 꿈에 대해 생각하라. 당신에게 가장 좋은 것이 무엇인지 아는 유일한 분을 버린 것이 얼마나 어리석은 일이었는지 생각해보라.

자, 이제 하나님께 돌아갈 준비가 되었는가? 그 순간 당신이 해야 할 일은 간단하다. 하나님께 말씀드리기만 하면 된다. 당신이 있는 그 자리에서 말이다. 먼저 당신이 한 일을 인정하라. 용서를 구하라. 그러면 무슨 일이 일어나는지에 대해서는 다음 장에서 살펴볼 것이다.

이 책을 읽는 지금, 당신의 인생이 멋지다고 느낄지 모르겠다. 꿈을 좇는 당신의 모습이 잘 살고 있는 것처럼 보일 수 있다. 만약 그렇다면, 당신의 인생이 얼마나 깨지기 쉬운지를 생각해보라. 하나님에 대한 생각을 시작하라. 굳이 밑바닥을 치고 하나님께 돌아갈 필요는 없지 않은가!

생각하라
|

지금 당신의 꿈을 정직하게 점검하는 시간을 가지라. 그 꿈이 당신에게 무엇을 약속하고 있는지 적어보라. 과연 그 약속이 지켜질까?

꿈에 사기당하지 않고 상황을 명확하게 보게 해달라고 하나님께 구하라.

바로 지금 하나님과 이야기해보는 건 어떨까?

그제서야 그는 제정신이 들어 말하였다.
"내 아버지의 집에는 양식이 풍부하여
많은 일꾼들이 먹고도 남는데 나는 여기서 굶어 죽는구나!
그렇다. 아버지에게 가서 이렇게 말씀드려야지.
아버지, 제가 하늘과 아버지께 죄를 지어
이젠 아버지의 아들이라고 할 자격도 없습니다.
다만 저를 일꾼의 하나로 써 주십시오."
그러고서 그는 일어나 아버지에게 갔다.
그러나 아버지는 그가 멀리서 오고 있는 것을 보고
측은한 마음이 들어 달려가서 아들을 얼싸안고 입을 맞추었다.
그러자 아들은 "아버지, 제가 하늘과 아버지께 죄를 지어
이젠 아버지의 아들이라고 할 자격도 없습니다.
(다만 저를 일꾼의 하나로 써 주십시오.)"라고 하였다.
그런데도 아버지는 종들에게 이렇게 말씀하셨다.
"어서 제일 좋은 옷을 내어다가 입히고 손가락에 반지를 끼우고 신발을 신겨라.
그리고 살진 송아지를 끌어와 잡아라. 우리 함께 먹고 즐기자.
나의 이 아들은 죽었다가 다시 살아났고 잃었다가 다시 찾았다."
그러자 그들은 즐기기 시작했다.

눅 15:17-24

3. 환영한다, 아들아!

지금부터 일어나는 사건은 당신의 마음을 완전히 사로잡을 것이다. '깜짝 놀라다', '숨죽이다', '경외심을 일으키다', '특이하다', '경탄스럽다', '입이 떡 벌어진다', '심장이 쿵쾅거린다' 등의 수식어가 따라올 것이다.

결코 과장이 아니다. 정말 그 정도로 좋다. 그러니 피곤하거나 졸리면 이번 장을 읽지 마라. 정신이 멀쩡할 때를 위해 아껴두라. 서둘러 읽지 마라. 이야기의 감정이 충분히 이해될 때까지 시간을 두라. 이건 예수님에 관한 이야기이자 당신에 관한 이야기다. 놓치지 마라.

시작하기 전에 하나님께 말씀드려보면 어떨까? 하나님께 예수님이 진정 누구이시며 어떤 분이신지를 보여달라고 구하라. 그분은 우리 모두를 환영하신다.

그럼 이제 시작하겠다.

아들은 고향집으로 돌아오고 있다. 스스로에 대해 좋은 감정을 갖고 있지 않다. 아빠를 마지막으로 본 건 돈을 잡아채서 떠날 때였다. 자기가 뱉은 말이 아빠에게 얼마나 가혹했는지 떠올리며 몸서리치고 있다. 그 순간 아버지 눈에 서려 있던 고통이 선명하다. 그런 그가 지금 집으로 돌아오고 있다.

 대문을 두드릴 때 무슨 일이 일어날까? 푸대접을 받아 마땅한 그다. 아니 큰 벌을 받아 마땅하다. 그에겐 그저 딱 한 가지 작은 소망이 있을 뿐이다. 어쩌면, 정말 어쩌면, 아버지가 종으로 일하는 걸 허락하실지도 모른다. 돈이 좀 모아지면 아버지께 진 빚을 갚게 될 수도 있다.

 탕자는 자신이 다시금 '아들'이라 불릴 가치가 없다는 것을 알고 있다. 하지만 어쩌면 아빠는 자비롭게 일자리를 주실지도 모른다. 그 무엇도 돼지우리의 공허함과 배고픔보다는 낫겠지, 생각하며 아버지에게 할 말을 연습해본다.

"아버지, 제가 하늘과 아버지께 죄를 지었습니다. 지금부터는 아버지의 아들이라 할 자격도 없습니다. 다만 저를 일꾼의 하나로 써주십시오."

그는 변명이나 요구를 하려고 오는 게 아니다. 아버지가 자기에게 보여줄 자비에 희미한 기대를 품고 오는 것이다. 그 가능성이 희박하다는 걸 안다. 승산이 없다. 그러나 돌아갈 곳이 여기뿐이다. 아빠가 그를 되돌려 보낸다면, 그는 분명 굶어죽게 될 거다.

집으로 돌아오는 길. 탕자가 마지막 모퉁이를 돌아 멀리 고향집을 바라보는 장면을 상상해보라. 심장이 쿵쾅거리고 입술이 마르는 장면을 상상해보라.

무엇이 그를 맞이하게 될까?

감동적인 환영

|

집 안으로 들어가보자. 한 노인이 있다. 버림받았던 아버지다. 그동안 많은 눈물을 흘렸고 많은 고통을 겪었다. 지금 이 순간에도 아들의 흔적을 찾아 저 멀리 지평선을 바라보고 있다.

그때 갑자기 그의 눈에 뭔가가 들어온다. 그의 집을 향해 걸어오는 사람이 있다. '아들인가? 그럴 리가. 너무 말랐고 더러워 보이는 걸. 그런데 잠깐만. 아들이 맞아! 내 아들이야!'

예수님은 잃어버린 아들을 멀리서 본 것만으로도 아버지의 내면에 뭔가가 일어났다고 말씀하신다. 아버지의 마음은 긍휼함으로 가득 채워진다. 아버지의 마음은 자기를 향해 터덜터덜 걸어오는 지치고 외로운 인물에 대한 사랑으로 폭발한다.

여기서 우리는 이 장면이 주는 충격을 놓치지 말아야 한다. 바로 아버지의 마음 안에서 일어나는 특이한 반응이다.

'아이의 방황이 끝났구나!'

그는 아들이 돌아오는 이유를 모른다. 하지만 아들이 돌아와서 돈을 더 요구할 수도 있다는 건 안다. 우리라면 최소한 아버지가 기다리다가 아들의 사죄가 진심인지 여부를 확인하기 바랄 거다. 괘씸한 아들을 좀 벌주기 위해서라도 말이다. 그런데 이 아버지에게는 조금도 그럴 생각이 없다.

1초의 망설임도 없이 아버지는 자리를 떴다. 옷자락을 들고 아들을 향해 달음질한다. 아들이 제 입으로 무슨 고백을 할지 따지려 하지 않는다. 이웃 사람들이 어떻게 생각할지도 개의치 않는다. 그런 건 중요하지 않다. 아버지는 오직 아들과 함께 있고 싶을 뿐이다. 아버지의 마음은 긍휼함으로 가득하다.

머릿속에 이 장면을 그려보라. 아들은 무슨 일이 벌어질지 두려워하며 천천히 집으로 걸어간다. 아버지는 그런 아들을 향해 전속력으로 달음질한다.

두 사람이 점점 가까워진다. 아들의 심장은 쿵쾅거린다. 자기가 저지른 끔찍하고도 어리석은 행동 때문에 쏟아질 아버지의 분노를 각오하고 있는 중이다. 그런데 오히려 사랑에 압도된다!

예수님은 아버지의 행동을 이렇게 묘사하셨다. "아버지는… 달려가서 아들을 얼싸안고 입을 맞추었다." 이건 아들이 전혀 예상하지 못했던 거다. 아들이 절대 받을 수 없는 대접이었다. 그 포옹은 틀림없이 아들을 놀라게 했을 거다.

준비했던 말을 꺼내보려 하지만, 아들은 도무지 말을 이을 수가 없다. 코미디 같은 순간이다. 아빠가 끌어안고 입을 맞추고 있다. 아들은 "저는 몹쓸 놈입니다."라는 말은 물론이고 그 어떤 말도 할 수가 없다. 마치 아버지가 "입 다물고, 내가 널 끌어안게 해주렴."이라고 말하는 것 같다.

이 이야기의 요점은 바로 '예수님이 죄인을 어떻게 환영하시는가?'이다.

예수님께서 이 이야기를 하실 때 군중 속에 누가 있었는지 기억하는가? 죄인과 세리들이 가득했다. 그들은 인간쓰레기, 패배

자, 창녀, 실패자다. 그런데 예수님은 그들을 바라보시며 말씀하신다. "나도 이렇게 너를 환영한다."

죄인들을 바라보시는 예수님의 마음은 긍휼함으로 가득하다. 예수님이 그들에게 달려가 목을 안고 입을 맞추신다. 정말 특이한 상황이다.

당신에게도 이런 경험이 있는가? 당신의 마음이 녹아내리는 이런 환영을 경험해보았는가?

이건 중요하다. 이 경험이야말로 진짜 크리스천이 되는 사건이기 때문이다.

이것은 우리가 하나님의 시각에서 진정 가치 있는 존재인지 신중하게 생각해본다는 뜻이다. 우리는 꿈을 위해 그분을 버렸다. 그분을 쓰레기처럼 취급했다. 정말 끔찍한 짓을 저질렀다. 하나님이 우리에게 대단히 분노하셔야 마땅하다. 몹시 두려운 일이다.

수백 년 전 유명한 수도사 마르틴 루터가 바로 이 진리를 깨달았다. 그는 하나님께 나아간다는 생각이 두려운 나머지 이렇게 말했다.

나는 극한 두려움에 사로잡혔다. 거룩하신 위엄 앞에 눈을 들거나 손을 들어야 하는 나는 누구인가? 죄로 가득한 먼지와 재가 아닌가.

이게 바로 둘째 아들이 고향집으로 가는 길에 느낀 것이다. 우리가 이와 같이 느낀다면, 예수님의 환영은 너무도 놀라운 것이 된다. 당신이 저지른 행동에도 불구하고 예수님은 당신의 목을 끌어안고 환영하시기를 고대하며 서 계신다. 그래서 결국 마르틴 루터는 예수님의 환영을 경험한 뒤 이렇게 말했다.

천국 문을 통과한 느낌이다.

생각하라

이와 같은 예수님의 환영을 받은 기분이 어떤가? 놀라운가, 아니면 별 감흥이 없는가? 예수님의 환영이 별 감흥 없이 다가온다면, 그건 아마도 당신이 정녕 어떤 사람인지를 제대로 본 적 없기 때문일 거다.

당신이 예수님께 어떤 대접을 받아야 마땅할지 생각해보라. 우리의 처지를 알수록 예수님의 환영이 점점 더 놀랍게 느껴질 것이다. 바로 지금 예수님께 이야기하라.

이제 다시 이야기로 돌아가자. 지금부터 이야기가 훨씬 더 재미있어진다!

놀라운 변신

|

지금까지 우리는 이것이 얼마나 훌륭한 환영인지 살펴보았다. 그러나 좀 더 면밀히 살펴보면 훨씬 더 흥미진진하다는 걸 알게 될 것이다.

아들이 집으로 돌아올 때 어떤 상태였는지 떠올려보라. 그는 돼지우리에서 오는 길이었다. 아들은 오물로 덮여 있었다. 다름 아닌 돼지 오물이다. 그 말은 곧 율법에 따라 아들이 부정하다는 뜻이다. 게다가 그에게서는 냄새도 난다. 그런 사람과는 무조건 거리를 두어야 한다. 율법에 따르면, 부정한 사람을 만지는 사람도 그 즉시 부정해진다.

하지만 아빠는 어떻게 했는가? "아들아, 가서 깨끗이 씻으려무나. 그런 다음 나와 악수하자."라고 말했는가? 아니면 "의식(儀式)적으로 정결해질 때까지 7일을 보내라. 그 후에 내 집으로 맞아들이겠다"고 했는가?

아니, 아니다. 천 번을 다시 물어도 아니다. 아들은 아무것도 할 필요가 없다. 아버지가 다 하신다.

아버지는 더러운 아들의 목에 팔을 감는다. 더러운 아들에게 입 맞춘다. 더러운 아들을 환영한다. 그 결과는 명백하다. 이제 아버지는 더러워졌다. 아들을 환영하려면 아버지도 부정해져야 한다. 얼마나 놀라운 환영인가! 아버지는 자기 아들과 함께 불결함과 치욕당하는 것을 조금도 부끄러워하지 않는다.

이후 아들에게 무슨 일이 일어나는지 보라!

아버지가 종들에게 말한다. "제일 좋은 옷을 내어다가 입히고 손가락에 반지를 끼우고 신발을 신겨라."

아들의 더러움이 옷으로 덮인다. 그냥 옷이 아니다. 제일 좋은 옷을 입는다. 반지도 주어진다. 그것은 가족 반지다. 아들임을 증명하는 표시다. 정말 아름답다.

그 순간 탕자는 즉시 아들의 지위로 변화된다. 아들은 "이젠 아버지의 아들이라고 할 자격도 없습니다."라고 말하려 했다. 하지만 아버지의 생각은 달랐다. 아들이 집에 도착한 순간 변화가 일어났다.

그 변화는 아들이 일으킨 게 아니다. 아들이 자신을 깨끗하게 한 것이 아니다. 스스로 깨끗한 새 옷을 갈아입은 것이 아니다. 그는 자신을 증명할 필요가 없었다. 아버지의 사랑에 압도되어 즉시 아들이 되었다.

무슨 일이 일어난 건지 다시 한 번 정리하겠다. 아버지는 더러워졌고 아들은 제일 좋은 옷을 입게 되었다.

얼마나 놀라운 변화인가!

이 이야기의 요점은 바로 '예수님이 죄인을 어떻게 환영하시는가?'이다.

당신에게도 이런 경험이 있는가? 우리의 죄(하나님을 버리고 꿈을 좇는 것)는 하나님 보시기에 우리를 더럽게 만든다. 우리는 온전히, 그리고 철저히 엉망진창이다.

예수님이 우리에게 뭐라고 말씀하시는가? "너 자신을 깨끗이

해라. 그 후에 내가 너를 맞아주겠다"고 하시는가? "교회에 가서 헌금을 하고 기도를 드리고 율법을 지켜라. 그 후에 내가 너를 받아주겠다."라고 하시는가?

아니, 아니다. 천 번을 물어도 아니다.

그분은 죄인을 환영하신다. 예수님은 더러운 사람들의 목을 끌어안으시려고 이 세상에 오셨다. 예수님은 사람들과 적당한 거리를 두고 "너무 가까이 오지 마시오."라고 하지 않으신다. 그분은 부정(不淨)한 사람들을 만지신다.

누가복음에 훌륭한 예가 나온다.

한센병 환자가 예수님께 왔다. 율법에 따르면, 한센병은 사람을 부정하게 만들었다. 누구라도 한센병 환자를 만지면 그 사람도 같이 부정해졌다. 즉 한센병 환자는 만지면 안 되는 사람들이었다. 그런데 예수님은 어떻게 하셨는가? 손을 내밀어 그를 만지셨다(이야기 전체를 직접 읽어보라. 눅 5:12-13).

예수님은 그런 분이다. 그게 바로 예수님이 사람들을 환영하시는 방법이다. 그분은 기꺼이 인간이 지은 죄의 오물과 더러움을 자기 몸에 묻히신다. 그분이 죄가 되신다. 부정해지신다. 이야기 속에 나오는 아버지와 똑같이 말이다. 얼마나 놀라운 환영인가!

어떻게? 어떻게 이게 가능할까? 이게 옳은 일일까?

예수님이 죽으셨던 십자가를 바라볼 때 모든 게 분명해진다. 십자가 위에서 그분은 더러운 죄 때문에 벌을 받으셨다. 그분의 죄가 아니었다. 그분에게는 죄가 없으셨다. 그분은 모든 면에서 완벽하게 깨끗하셨다. 하지만 죄인들을 환영하시기 위해 그분은 부정해지는 길을 택하셨다. 기꺼이 우리의 더러움을 취하셨고, 죄인들이 받아 마땅한 벌을 받으셨다. 죄인들이 환영받는 다른 방법은 없다. 그분은 팔을 뻗으셨고, 우리 대신 죽으셨다.

교환

|

성경의 다른 곳에는 어떻게 기록되었는지 보라.

하나님이 죄를 알지도 못하신 그리스도에게

(예수님을 가리킨다. '죄를 알지도 못한다'는 것은 하나님 보시기에 완벽하게 깨끗하다는 뜻이다)

우리 죄를 대신 지우신 것은

(그분이 죄로 더러워지셨다. 놀랍지만 사실이다)

우리가 그리스도 안에서 하나님에게 의롭다는 인정을 받도록 하기 위한 것입니다.

(그 결과 죄인들이 의롭게 된다. 깨끗하다는 뜻이다)

고후 5:21

예수님은 더러워지셨고, 죄인들은 깨끗해졌다. 이 교환이 바로 크리스천이 되는 것의 핵심 의미다.

그 후 예수님은 죽은 자들 가운데서 살아나셨고, 지금도 살아계시다. 그분에게 나아올 자를 환영할 준비를 마치시고 말이다. 그 결과 부정한 사람들이 즉시 하나님의 자녀로서 옷 입게 된다. 즉시 가족으로 환영받는다. 이 말은 예수님께서 착한 사람들, 멋진 사람들, 교회에 다니는 사람들, 독실한 사람들만 환영하신다는 생각을 반드시 버려야 한다는 뜻이다.

예수님은 죄인들을 환영하시고 그들을 온전히 변화시키신다. 이것은 예수님께 나오는 모든 사람에게 일어나는 일이다. 당신이 무슨 일을 저질렀는지, 얼마나 멀리까지 도망갔는지, 얼마나 엉망진창이었는지 상관없다. 예수님은 두 팔 벌려 당신을 환영하신다. 그분은 당신의 더러움을 가져가시고 제일 좋은 옷을 입히실 거다. 그분이 다 하실 거다.

주께 나오라

|

 이쯤에서 당신을 돌아보자. 당신은 이미 그분께 나아왔는가? 만약 '아직'이라면 무엇을 기다리는가? 지금 즉시 행동으로 옮기면 어떨까?

 이것은 결코 어려운 일이 아니다. 그분께 나아가 말씀만 드리면 된다. 당신이 그분을 버렸던 걸 인정하라. 누가복음 15장 21절에서 둘째 아들이 했던 말을 인용해도 좋다. "아버지의 아들이라고 할 자격도 없습니다."

 그분께 당신을 환영해 달라고 구하라. 당신의 더러운 죄를 없애달라고 구하라. 당신을 그분의 자녀로 변화시켜 달라고 구하라. 그러면 그렇게 해주실 것이다. 진짜 그렇게 해주실 것이다. 그분은 죄인을 환영하시기 때문이다.

 지금까지의 내용을 충분히 이해했길 바란다. 우리가 스스로를 깨끗하게 만들어야 한다면, 과연 충분히 한 건지에 대해 결코 확신할 수 없을 것이다.

 그분을 버렸던 모든 시간을 우리가 어떻게 메울 수 있단 말인가? 그분이 우리를 정말 사랑하시는지 우리가 어떻게 알 수 있단 말인가?

하지만 그분이 다 하셨다.

만약 당신이 이미 그분께 나아왔다면, 당신은 이제 깨끗하다. 이미 제일 좋은 옷을 입고 있다. 이미 가족 반지도 끼고 있다.

이것을 충분히 생각하고 이해하라. 당신은 더 이상 더럽지 않다. 예수님께서 당신의 더러움을 모두 가져가셨다. 이건 마음을 녹이는 환영이다. 지금 예수님께 말씀드려라. 감사하고 찬양하라.

다음과 같이 상상해보자. 일주일 후 둘째 아들이 아빠가 자기를 사랑하는지 확신하지 못해 스트레스를 받고 있다고 말이다. 그렇다면 당신은 아마 이렇게 말할 것이다.

"어리석은 생각 마! 그분은 네가 진짜 엉망일 때 너를 환영해준 분이라고. 그분이 안아주셨던 걸 기억해봐. 그분이 입혀주신 좋은 옷도. 정신 차려! 넌 완벽하게 안전해. 그분이 널 버릴 가능성은 제로야. 분명해!"

하지만 이상하게도 수많은 크리스천들이 둘째 아들처럼 행동한다. 그들이 이상해지는 이유는 하나님이 갑자기 마음을 바꾸시고 진노하실 거라고 생각하기 때문이다. 그들은 과거의 일을 생각하고 두려워하기 시작한다. 당신도 그렇다면, 내가 조언을 좀 해도 될까?

침착하라. 그분의 환영을 기억하라. 안아주심을 떠올려보라. 예수님께서 당신의 모든 죄를 위해 죽으셨던 그 십자가를 기억하라. 믿으라. 당신은 전적으로 안전하다. 당신은 하나님의 아들이고 딸이다. 그분은 당신이 죄인이었을 때 당신을 환영하셨다. 이제 당신은 그분의 소중한 자녀다.

정말 멋지지 않은가?

기쁨 가득한 환영

둘째 아들의 상황은 계속 좋아진다. 그는 환영받고 변화되었을 뿐 아니라 자기를 축하하기 위해 마련된 파티의 주인공이기도 하다! 아빠의 말 속에서 기쁨과 감격이 느껴진다.

"살진 송아지를 끌어와 잡아라. 우리 함께 먹고 즐기자.
나의 이 아들은 죽었다가 다시 살아났고 잃었다가 다시 찾았다."
눅 15:23-24

아버지는 아들을 수치스러워하지 않는다. 부끄러워하지도, 실망하지도 않는다. 기쁨에 겨울 뿐이다. 이웃 사람들이 뒷담화 하는 걸 상상해볼 만하다. "대체 뭐하는 짓이람?" "나라면 감사할 줄 모르는 저 파렴치한에게 문을 안 열어줬을 거야."

무엇보다 아들을 환영한 것 자체가 충격이다. 게다가 엄청난 환영파티까지 열다니, 진짜 오버다.

하지만 이날은 아버지가 꿈에 그리던 날이다. 아버지에게 기쁨을 가져다준 날이다. 그의 아들은 잃었다가 다시 얻었다. 죽었다가 다시 살아났다. 축하하기에 이보다 더 근사한 이유가 있을까?

놀라지 마라. 그게 바로 예수님이 죄인을 환영하시는 방법이다.

그분은 심술 난 다섯 살짜리 아이가 억지로 양배추를 먹는 것처럼 의무감으로 하시지 않는다.

예수님이 죄인을 환영하시는 이유는 그것이 그분께 엄청난 기쁨을 가져다주기 때문이다. 그분은 죄인을 환영하기 좋아하신다. 그것이 바로 예수님께서 세상에 오신 이유다. 그분은 잃었던 사람들을 다시 얻을 때 가장 기뻐하신다.

그러므로 당신이 예수님께 나아왔다면, 그분은 당신으로 인해 기뻐하신다. 당신을 참아주는 게 아니라 당신으로 인해 즐거워하신다. 당신을 수치스러워하지도, 부끄러워하지도 않으신다. 당신은 그분께 기쁨을 드린다. 자기 자리를 확보하려고 애쓸 필요가 없다. 스스로를 증명해 보일 필요도 없다. 그저 그분께 나아오면 된다. 돼지우리에서 곧장 말이다. 있는 모습 그대로면 충분하다. 예수님이 보여주시는 환영은 세상 어디에도 없다.

크리스천이 되면 인생이 비참해질 거라고 생각하는 사람들이 있다. 모든 재미와 자유를 뒤로한 채 떠나는 거라고, 인생이 따분해질 거라고 말이다.

한창 파티를 즐기고 있는 둘째 아들을 찾아가 이렇게 말한다고 상상해보라. "고향집에 돌아오다니 정말 안됐구나. 돼지우리에서 굶어 죽을 때까지 재미를 누리는 게 싫증나버린 거지. 그렇다고 꿈을 버리고 아버지한테 돌아오다니 부끄러운 줄 알아라. 불쌍한 것."

그러면 아들은 당신의 면전에서 웃을 것이다. 인생이 이렇게 좋은 줄 몰랐다. 음식이 이렇게 맛난 적이 없었다. 입가의 미소가 이때처럼 큰 적이 없었다.

믿을 수 없는 일이다. 결국 그는 자기가 꿈꿔오던 만족을 찾았다. 그의 꿈은 약속을 지키지 못했다. 믿을 수 없게도, 그는 발견할 수 없을 거라 생각했던 곳에서 자기가 찾던 기쁨과 자유를 찾았다. 아버지와 함께 있는 고향집에서 말이다! 누가 이것을 생각조차 했겠는가!

당신이 좇는 기쁨은 바로 예수님 안에서 발견된다. 예수님의 환영을 받을 때 발견된다. 예수님이 변화시켜 주실 때 발견된다. 예수님과 함께하는 인생은 본연의 인생 그대로다. 이것을 누가 생각조차 했겠는가!

생각하라

예수님의 환영을 받아본 적 있는가?

당신도 둘째 아들 같은 상황인가?

예수님이 당신을 사랑하시지 않는 것 같아 염려되는가?

당신 스스로 자신을 깨끗하게 해야 한다고 느끼는가?

그분의 가족으로 환영받는 기쁨을 아는가?

이 질문들에 대한 답을 하나님께 말씀드려보라.

한편 밭에 나갔던 큰아들은 돌아오다가 집 근처에 왔을 때
풍악 소리와 춤추는 소리를 듣고 종 하나를 불러 무슨 일이냐고 물었다.
이때 그 종은 "당신의 동생이 돌아왔습니다.
그래서 주인께서는 건강한 모습으로 돌아온 그를 다시 맞아들이게 되었다고
살진 송아지를 잡았습니다." 하고 대답하였다.
그러자 그는 화를 내며 집에 들어가려고 하지 않았다.
그의 아버지가 나와서 사정했으나 그는 아버지에게 이렇게 말하였다.
"제가 여러 해 동안 아버지를 섬겨왔고 아버지의 명령을 어긴 일이 없는데도
제게는 친구들과 함께 즐기라고 염소 새끼 한 마리도 주신 일이 없습니다.
그런데 창녀들과 놀아나다 아버지의 재산을 다 없애버린 동생이 돌아왔다고
아버지는 살진 송아지까지 잡으셨습니다."
그래서 아버지가 대답하였다.
"얘야, 너는 항상 나와 함께 있으니 내가 가진 모든 것이 다 네 것이 아니냐?
그러나 네 동생은 죽었다가 다시 살아났고 잃었다가 다시 찾았으므로
우리가 즐거워하고 기뻐하는 것이 마땅하다."

눅 15:25-32

4. 파티를 놓치다

여기서 이야기가 끝났다면 완벽한 결말이었을 거다. 둘째 아들이 집으로 돌아왔다. 아버지는 아들을 환영했다. 멋진 파티가 열렸다. "그 후로 행복하게 살았습니다." 식의 전형적인 해피엔딩처럼 말이다. 이것은 '기분 좋은' 영화의 표본이다.

하지만 예수님의 생각은 달랐다. 여기서 끝내지 않으셨다. 이 이야기는 디즈니 영화를 보듯 멋지고 포근한 분위기에 빠지라고 의도된 게 아니다. 불편한 감정을 남기는, 폭발적인 결말을 갖고 있다. 그 까닭은 예수님께서 우리 마음에 숨어있는 치명적인 태도를 드러내시기 때문이다. 그 속에 무엇이 있는지 보여주시는 순간은 정말 통렬하다. 그냥 보고만 있지 마라. 이야기를 읽으면서 예수님이 당신의 마음을 시험하시도록 허락하고 당신 마음에 감추어진 것을 보라.

 앉은 자리가 불편하게 느껴지겠지만, 이것 하나만 기억하라. 예수님께서 우리가 어떤 존재인지 보여주신 이유는 우리를 치유하시기 위해서다. 예수님은 사람들을 무너뜨리려고 혈안이 되신 분이 아니다. 사랑으로 회복시키기 원하신다. 의사가 당신에게 심각한 문제가 있다고 말해주는 것은 가혹한 게 아니다. 그가 당신을 쓰레기 취급하며 쫓아내려는 게 아니다. 당신을 위해서 그러는 거다. 그래야 상황이 바로잡힌다.

 예수님도 의사와 같다. 그분은 우리 마음의 문제를 보여주신다. 그렇게 하심으로써 우리가 변화되게 하신다.

 잠시 멈추고, 예수님께서 당신 마음속의 잘못된 태도를 보여주시길 원하는지 생각해보라.

 예수님께서 변화시켜주시길 원하는가?

 그렇다면 지금 그분께 말씀드려보는 건 어떨까?

헌신한 아들?

지금까지 우리는 둘째 아들과 아빠에게 관심을 집중했다. 그러나 또 다른 가족 구성원이 있다. 바로 맏아들이다. 그는 마지막에 이야기 속으로 들어온다.

한편 밭에 나갔던 큰아들은…
눅 15:25

여러모로 그는 흠이 없다. 아버지를 위해 열심히 일하며 밭에 있다. 매일 일어나 일하러 간다. 뜨거운 태양 아래서 땀을 흘린다. 저녁까지 최선을 다해 일한 뒤 집으로 돌아온다.

자리만 차지하는 동생과는 정반대 인물이다. 동생이 아버지의 것을 잡아채갈 때, 형은 일했다. 동생이 떠날 때, 형은 일했다. 동생이 탕진할 때, 형은 일했다. 형은 책임감 있고, 열심히 일하고, 신뢰할 수 있는, 완벽한 아들의 모습이다.

이웃 사람들이 "큰아들이 정말 자랑스러우시겠어요. 당신에게 이렇게 헌신하잖아요."라고 말하는 걸 상상해볼 수 있다. 맞다. 그는 꽤 멋진 녀석이다.

그럼에도 불구하고 이 아들에겐 문제가 있다. 위험하고 치명적인 문제다. 겉모습만으로는 구별할 방도가 없다. 육안으로는 집어낼 수 없다. 맏아들의 마음 깊숙이 감추어져 있는 문제다. 그렇게 감추어져 있기에 더더욱 치명적인 문제가 된다.

외적으로 그는 환상적이다. 하지만 내적으로 그의 마음은 썩어간다.

모든 게 좋아 보이는 집을 샀다. 그런데 거실 밑바닥에 있는 들보에 벌레 먹은 구멍이 있었다. 우리는 몰랐다. 행복하게 살았다. 바닥이 움푹 파이기 시작할 때까지 말이다. 이 시점에서 당신은 내가 뭔가 조치를 취했을 거라 생각하겠지만, 사실 나는 아무 일도 없는 척 무시하려고 애썼다. 들보는 계속 썩어갔고, 바닥은 계속 가라앉았으며, 나는 계속 아무 문제 없는 척했다. 상황이 너무 나빠져서 내가 바닥 널빤지를 잡아당겨야 할 때까지 말이다.

갑자기 현실적인 문제가 드러났다. 썩은 나무가 보였고 그 냄새를 맡게 되었다. 아름다운 광경이 아니었다. 천천히, 그러나 분명히 우리 집 바닥은 내 발 바로 밑에서 붕괴하고 있었다.

맏아들의 마음도 이와 똑같았다. 눈에 보이지 않는 부패가 시작되었다. 상대적으로 둘째 아들의 문제는 매우 명확하다. 그가 얼마나 한량인지 모두가 볼 수 있다. 하지만 맏아들은 아니다. 그의 문제는 대중의 눈을 벗어나 감추어져 있다. 동생이 집에 돌아오던 날에야 비로소 모든 게 쏟아져 나왔다. 결코 아름답지 않았다. 바닥 널판때기가 치솟은 것처럼 모든 게 명확해졌다. 악취가 지독했다. 무슨 일이 일어나는지 지켜보라.

울화통

맏아들은 하루 일을 마치고 집으로 돌아오고 있다. 몹시 피곤했을 것이고 편히 앉아 조용한 저녁 시간을 누리고 싶었을 것이다. 집이 가까워질수록 음악소리와 춤추는 소리가 들린다. 파티가 있다는 것을 몰랐기에 종에게 무슨 일이냐고 묻는다. 그리고 소식을 접한다. 전혀 예상하지 못했던 일이다.

"당신의 동생이 돌아왔습니다. 그래서 주인께서는 건강한 모습으로 돌아온 그를 다시 맞아들이게 되었다고 살진 송아지를 잡았습니다." 눅 15:27

그는 깜짝 놀라 침묵한다. 그가 어떤 반응을 보였을까? 아버지는 둘째 아들을 보고 긍휼함과 기쁨을 느꼈다. 하지만 큰아들은 좀 다르다. 그의 마음은 분노와 노여움으로 가득하다.

분노가 너무도 강렬한 나머지 그는 파티에 들어가기보다 밖에 머무는 걸 택한다. 강수(強手)다. 어쨌거나 저들은 살진 송아지를 먹고 있다. 최고의 음식이 아니던가! 1년에 한 번쯤 먹는 음식이다. 상상할 수 있는 가장 좋은 음식이다. 하지만 그는 들어가려 하지 않는다. 동생과 같은 공간에서 숨 쉬느니 차라리 파티를 놓치기로 한다.

특이한 일이 벌어졌다. 혹 눈치 챘는가? 두 아들의 자리가 바뀌었다!

밖에 있던 둘째 아들이 환영을 받으며 안으로 들어왔다. 그리고 이제 안에 있던 큰아들이 추운 바깥에 서 있다. 둘째 아들의 얼굴에 웃음이 가득하다. 큰아들은 밖에서 외로이 굶고 있다.

그 순간 아버지는 어떻게 행동했을까? 놀랍게도 둘째 아들에게 했던 그대로 행동했다. 예수님은 아버지가 "나와서" 맏아들에게 들어오라고 권했다 말씀하신다. 편애는 없다. 아버지는 두 아들을 모두 사랑하고 둘 다 안에서 함께 파티를 누리기 원하신다. 그러나 큰아들은 움직이려 하지 않았다.

대체 그의 마음속에서 무슨 일이 일어나고 있는 걸까?

우리는 그가 착한 녀석인 줄 알았다. 믿음직한 사람인 줄 알았다. 그런 그가 가족을 깨뜨리고 있다. 왜 그러는 걸까? 그를 이런 식으로 반응하게 만드는 이유가 무엇일까?

큰아들이 입을 떼자마자 모든 게 쏟아져 나온다. 바닥 널빤지가 솟아오른다. 모든 게 드러난다. 그 순간 꽁꽁 감추어져 있던 것들이 만천하에 드러난다. 모두가 볼 수 있게 문제가 드러난다. 아름답지 않다.

그의 문제는 두 가지다. 첫째, 그는 아버지를 사랑하지 않는다. 둘째, 그는 아버지가 사랑하는 것들을 사랑하지 않는다.

아버지를 사랑하지 않는다

믿을 수 없다. 그는 정말 열심히 일하지 않았는가! 매우 헌신된 모습이었고 너무도 완벽해 보였다. 그러나 그의 마음속에는 사랑이 없었다. 그가 아빠에게 한 말을 보면 분명하게 알 수 있다.

다음을 읽어보라. 당신 혼자의 힘으로도 곪아터진 상처의 기미를 알아챌 수 있을 것이다.

> "제가 여러 해 동안 아버지를 섬겨왔고 아버지의 명령을 어긴 일이 없는데도 제게는 친구들과 함께 즐기라고 염소 새끼 한 마리도 주신 일이 없습니다." 눅 15:29

폭발한 말 한 마디로 그의 마음속에서 무슨 일이 일어나고 있는지 너무나 분명히 알 수 있다. 중요한 건 온통 자기다. 아버지가 중요했던 적은 단 한 번도 없다. 그는 자신을 아버지를 기쁘게 해드리려는 아들이 아니라 명령에 복종하는 종으로 본다. 그가 열심히 일했던 것은 의심할 바 없지만, 그건 모두 잘못된 이유에서였다.

그가 일한 이유는 사람들 눈에 착해 보이고 스스로 기분 좋게 느끼기 위해서였다. 확신컨대, 그는 자신을 매우 자랑스럽게 여겼을 것이다. 밭에서 종처럼 일하는 하루하루가 그에게 훈장이 되었고, 그의 이름 옆에 붙은 황금별이 되었다. "나는 동생과 달라. 이렇게 일하고 있는 난 아빠에게 매우 특별한 존재일 거야."라고 자기와 동생을 비교하는 걸 상상해볼 수 있다. 동생이 떠난 게 그에겐 여러모로 득이 되었다. 덕분에 그가 훨씬 더 돋보였다! 그는 자기를 사랑한다. 그것이 사람들 눈에는 보이지 않았지만 그의 마음속 깊은 곳에서 끓어오르고 있었다.

성경은 여기에 이름을 붙여준다. 바로 자기 의다. 다른 이름은 자기만족이다. 자기에게 "잘했어."라고 말하며 사는 인생이다. 마치 '꼬마 잭 호너' 같다. 꼬마 잭 호너가 구석에 앉아 크리스마스 파이를 먹고 있다. 엄지를 집어넣어 자두를 꺼내며 하는 말, "난 정말 착해!"(Little Jack Horner'라는 동요 가사를 그대로 인용했다—역주)

그게 맏아들이다. "난 정말 착해!" 그는 아버지를 사랑하지 않는다. 그는 오직 자기만을 사랑한다.

외적으로 아무리 착해 보여도 내적으로는 자기중심적 사랑에 휘둘리기 쉽다. 그건 내가 설거지를 대하던 방법이었다. 나에겐 남자 형제 둘이 있는데, 우리는 늘 누가 설거지를 해야 하는지를 놓고 논쟁했다. 그 논쟁은 엄마가 훌륭한 시스템으로 해결책을 찾을 때까지 계속되었다. 엄마는 부엌에 표를 붙이고 설거지를 할 때마다 이름 옆에 별을 붙여주셨다. 그리고 주말마다 별 하나

당 용돈 얼마씩을 받았다. 엄마는 천재다.

나는 언제나 용돈을 벌기 위해 일어났다. 식사가 끝나면 늘 싱크대로 달려갔다. 나의 두 형제는 그다지 돈에 구애받지 않고 TV를 봤다. 당신이 우리 집에 왔다면 내가 열심히 일하며 헌신하는 모습에 감동을 받았을 것이다. 어쩌면 '저 아들은 부모님을 사랑하는 효자야.'라고 생각했을지 모른다. 하지만 사실은 부모 사랑과 상관이 없었다. 오직 별과 돈에 관한 일이었다.

표 옆을 지나갈 때마다 나는 내 이름에 붙은 별들을 세어보며 즐거워했다. 그것 때문에 나는 기분이 좋아졌고 토요일과 용돈 받는 시간을 손꼽아 기다렸다. 겉으로는 좋아 보이지만, 깊이 들어가면 온통 잘못된 태도였다.

다시 말해 그건 '자기 의'였다. 엄마에 대한 사랑이나 가족을 도와야겠다는 바람에서 비롯된 일이 아니었다. 나를 사랑하기 때문에 한 일이었다.

이런 태도는 대개 눈에 보이지 않고 마음속에 숨어있다. 그러다 뭔가 손해를 보기 시작하면 감추어진 상태가 오래 지속되지 못한다.

만일 나와 형제들이 똑같이 용돈을 받았다면 어땠을지 상상해 보라. 아마도 내 속마음이 드러났을 것이다. 여덟 살짜리의 분노 폭발도 있었을지 모른다. 아주 보기 흉했을 것이다. 내 작은 얼굴이 분노로 일그러져서 이렇게 내뱉었을 것이다. "불공평해. 난 더 받을 자격이 있다고. 내가 더 열심히 일했잖아!"

그게 바로 맏아들이 그토록 화가 난 이유다. 그는 최선의 노력을 기울였던 사람이다. 헌신과 충성을 바쳤던 사람이다. "사람들이 어떻게 모를 수 있지? 난 '착한' 사람이야. 내 동생은 '나쁜' 사람이고. 내가 훨씬 더 괜찮은 아들이라고. 이제 '난' 어떡해!"

여기서 가장 중요한 것은 '나'다. 그는 착한 행동을 했다. 헌신하는 척했다. 하지만 사

실 그는 언제나 자신과의 사랑에 빠져 있었다.

문제는 우리가 예수님을 속일 수 없다는 거다. 그분은 우리 마음속을 들여다 보신다. 우리는 다른 사람을 속이고 나 자신도 속일 수 있지만, 예수님은 진실을 아신다. 그리고 자신을 의롭게 여기는 이런 태도를 몹시 싫어하신다.

이때 예수님은 바리새인들을 직시하고 계셨다. 그들이 군중 속에서 수군대던 것을 기억하는가? 예수님은 일부러 그들을 노출시키신다. 그들은 맏아들과 똑같다. 바리새인들은 정말 독실했다. 율법을 지키려고 열심히 노력했다. 매우 감동적이었다. 대단히 존경스러웠다. 하지만 예수님은 그들의 마음이 썩어가는 것을 알고 계셨다.

몇 장 뒤인 누가복음 18장을 보면 예수님이 공격하셨던 '바리새인의 태도'를 엿볼 수 있다. 예수님은 다음과 같이 기도하는 바리새인의 이야기를 해주신다.

"하나님, 나는 다른 사람들처럼 사기꾼도 아니고 정직하지 못하거나 간음하는 사람도 아니며 또 이 세무원과도 같지 않음을 감사합니다. 나는 일주일에 두 번씩 금식하며 모든 수입의 십일조를 바치고 있습니다." 눅 18:11-12

이 사람이 누구와 사랑에 빠졌는지 제법 명확하게 드러나지 않는가? 하나님은 확실히 아니다. 그는 자기에 대해 기도하고 있다. 잭 호너와 같은 부류인 게 틀림없다. 예수님은 이런 모습을 아주 싫어하신다.

다른 곳에서도 예수님은 하나님이 그들에 대해 어떻게 생각하시는지를 명백하게 말씀하신다.

이 백성이 입술로는 나를 존경하나 마음은 내게서 멀리 떠나 있다.
막 7:6

알겠는가? 겉으로는, 입술로는, 말의 내용은 그럴듯해 보이고 그럴듯하게 들린다. 하지만 그 속은 하나님께로부터 수백만 킬로미터나 떨어져 있다.

이것이 바로 이야기 속의 맏아들이다. 겉으로는 착해 보이지만 마음은 아빠에게서 수백만 킬로미터만큼이나 멀다.

그렇다고 해서 너무 쉽게 바리새인을 비난하면 안 된다. 이것은 당신을 포함한 전 인류가 감염된 질병이기 때문이다.

잠깐만 생각해보라. 당신이 '착해 보이려고' 노력하는 이유가 하나님을 사랑하기 때문인가, 아니면 자기를 사랑하기 때문인가? 속지 마라. 겉으로는 별 차이 없어 보여도 내면은 완전히 다르다.

우리는 누구의 눈을 의식하는가? 하나님의 생각보다 친구나 부모님의 시선을 더 많이 의식하지 않는가?

누군가를 사랑하면 단지 그 사람이 웃는 것을 보기 위해 기꺼이 그를 섬긴다. 누군가를 사랑할 때의 가장 큰 기쁨은 그 사람에게 행복을 가져다주는 것이다. 누군가를 사랑할 때의 관심은 온통 그 사람을 행복하게 만드는 것이다. 당신이 거기서 무엇을 얻어내는지는 하나도 중요하지 않다.

이것은 예수님께서 이 땅을 살아가신 방식이기도 하다. 그분은 자신과 그분의 개인적인 이익을 위해 살지 않으셨다. 예수님의 말씀을 보라.

"내가 하늘에서 내려온 것은 내 뜻을 이루기 위해서가 아니라 나를 보내신 분의 뜻을 이루기 위해서이다." 요 6:38

예수님은 자신을 위해, 자신의 기분을 좋게 만들기 위해 오시지 않았다. 하나님 아버지를 향한 사랑이 가득하셨기 때문에, 아버지를 행복하게 하시려는 한 가지 바람을 가지고 오셨다. 그래서 아버지를 향한 사랑으로 모든 걸 기꺼이 포기하셨고, 심지어 자기를 십자가 위에 죽도록 내어주셨다. 이것은 자아에 대한 사랑이 아니라 하나님을 향한, 사랑에 이끌린 섬김이다.

 이것은 크리스천이 되는 것에 대한 우리의 사고방식을 변화시킨다. 예수님에 대한 사랑이 충만할 때, 그분을 향한 우리의 섬김은 따분한 인생도, 종살이도, 수군거릴 일도 아니다. 오히려 믿을 수 없을 만큼 흥미진진해진다.

 어쩌면 당신은 당신의 순종이 예수님을 미소 짓게 만들 수 있다는 걸 깨달은 적이 없을 것이다. 에베소서 5장 10절에 주를 기쁘시게 할 것이 무엇인가 시험해보라는 말씀이 기록되어 있다. 당신이 주님을 사랑해서 그분께 순종할 때, 그것이 그분을 행복하게 만든다.

 반대로 당신이 매우 순종적일지라도 예수님을 슬프게 만들 수 있다는 걸 깨달은 적이 없을지 모른다. 예수님은 당신이 하는 일 자체에 관심 있으신 게 아니다. 그분은 당신의 마음을 원하신다. 당신이 그분을 사랑하는 마음으로 그분께 순종하기를 원하신다. 내적인 사랑 없는 외적인 순종에 기뻐하지 않으신다.

 예수님을 사랑할수록 더욱 기쁘게 그분을 섬긴다.

이제 나는 벽에 표를 붙이지 않아도 설거지를 한다. 기꺼이 설거지하는 훨씬 좋은 이유가 생겼기 때문이다. 그것은 바로 아내에 대한 사랑이다.

나는 아내의 미소를 보는 게 좋다. 내가 설거지를 하면 아내가 행복해한다는 것을 발견했다. 이제 나의 설거지는 사랑에 이끌린 것이다(그러니까 내 말은…… 대체로 그렇다는 거다).

이것이 바로 크리스천이 예수님을 섬기는 이유다. 그들은 예수님을 사랑한다. 예수님을 미소 짓게 해드리고 싶다. 그분을 슬프게 만들고 싶지 않다.

지금부터 던지는 중요한 질문들을 한번 생각해보라.

당신은 왜 그 일을 하는가?

왜 교회에 가는가? 가야 하기 때문인가? 아니면 예수님을 사랑하기 때문인가?

예수님을 미소 짓게 해드리고 싶은가?

왜 헌금을 하는가? 기분이 좋아지기 때문인가? 아니면 예수님을 사랑하기 때문인가?

혹 술을 안 마신다면 왜 안 마시는가? 무엇이 당신을 막는가?

어쩌면 여전히 술을 마시고 싶지만 그러면 안 된다는 것을 알기 때문일 수도 있다. 안타깝게도 그건 삶을 사는 비참한 방식이다. 그보다 훨씬 더 좋은 방식이 있다. 예수님을 보라. 예수님이 당신에게 보여주신 환영을 보라. 그분을 미소 짓게 해드리는 데서 기쁨을 찾으라.

오직 '율법을 지키는' 데만 관심 있는 기독교에 만족하지 마라. 그렇게 되면 어느 시점에 분노하게 될 것이고 하나님에게서 등을 돌리게 될 것이다.

그러지 말고, 예수님에 대한 사랑으로 살아가라.

생각하라

|

 예수님이 당신에게 행하신 일을 자주 떠올려보라.

 착한 척 그만하고, 당신이 하나님을 버렸던 방식을 주의 깊게 살펴보라. 그것을 어딘가에 적어두라. 가능하면 자세하게 적으라(에베소서 4장 25절-5장 21절에서 예수님을 슬프게 만드는 것들의 목록을 찾을 수 있다).

 그런 다음 손에 그 목록을 쥐고 눈을 들어 예수님의 십자가를 보라. 그분이 당하신 고통을 생각하라. 못과 가시관과 상처를 떠올려보라. 그분이 십자가 위에서 죽으신 것은 당신이 적어내려간 것들 때문이다. 그분은 그 모든 걸 없애기 위해 죽으셨다.

 예수님이 당신을 얼마나 사랑하시는지 모른다. 그분은 당신을 환영하기 위해 팔을 뻗으셨다. 그분이 전부 다 하셨다. 당신을 하나님의 존귀한 자녀로 변화시키셨다. 당신 때문에 기뻐하신다. 당신 때문에 즐거워하신다.

정말 멋지지 않은가? 이제 그분을 사랑할 것인가? 그분을 미소 짓게 해드리기 위해 노력하며 살 것인가? 얼마나 훌륭한 삶의 이유인가!

놀라지 마라. 이것이 바로 당신이 창조된 목적이다. 여기에서 진정한 만족과 기쁨이 발견된다.

지금까지 살펴본 것처럼 맏아들의 첫 번째 문제는 바로 아버지를 사랑하지 않는 것이었다.

그리고 여기 두 번째 문제가 있다. 그는 아버지를 사랑하지 않았다. 그래서…….

아버지가 사랑하는 것을 사랑하지 않는다

우리는 아버지가 무엇을 사랑하는지 안다. 둘째 아들이 돌아왔을 때, 우리는 기쁨에 겨운 아버지의 모습을 보았다. 하지만 맏아들은 그 기쁨에 동참하지 않는다(부드럽게 표현한 거다).

맏아들의 "아버지의 재산을 다 없애버린 동생"이라는 말에서 증오가 느껴지지 않는가? 그는 동생을 "내 동생"이라고 부르지 않았다. 그는 수년 전에 그 징그러운 놈을 제거해버렸다. 동생을 전혀 걱정하지 않았다. 그에게 동생은 지나간 역사에 불과하다.

"창녀들과 놀아나다 아버지의 재산을 다 없애버린"이라는 말에 담긴 정죄의 목소리를 들어보라. 아버지는 동생의 죄를 용서했을지 모르지만, 형은 그러지 않은 게 분명하다.

어쩌면 수년 동안 형의 생각은 다음과 같이 변해왔는지 모르겠다. '동생은 자기 뜻대로 선택했고 그 선택은 떠나는 거였어요(나 같을 순 없죠. 당연해요). 등을 돌리고 당신을 시궁창에 버렸어요(잊지 마세요. 그는 나 같지 않아요). 그리고 아버지 돈을 탕진했어요(확실히 아시겠죠? 나와 동생의 차이를). 그러니까 걔는 망가져도 싸요. 만약 동생이 다시 이 마을에 나타난다면 가만있지 않을 거예요.'

형의 마음은 반감과 증오로 부글부글 끓어올랐다. 파티를 열다니, 안 돼! 그건 터무니없다고. 누가 봐도 우스꽝스럽잖아. 동생은 이 집에 발을 들여놓을 자격도 없어. 그런데 걔를 위해서 파티를 연다고? 살진 송아지는 더더욱 안 돼! 안 돼! 안 돼! 천 번을 묻는다 해도 안 돼!

"난 정말 착해. 그리고 걘 정말 나빠."

어떤 면에서는 그에게도 일리가 있다. 그의 동생은 뺨을 맞아도 할 말이 없다. 동생은 징그러운 놈이었다. 동생이 가족에게 한 짓을 보면 미움을 받아 마땅하다.

하지만 뜻밖에도 아버지가 동생을 사랑하신다. 그런 동생을 환영하신다. 동생으로 인해 아버지가 기뻐하신다.

만약 맏아들이 아버지를 사랑한다면 아버지의 기쁨에 동참할 것이다. 아버지가 사랑하시는 것을 사랑할 것이다. 동생이 너무 멋진 녀석이라서 환영해야 하는 게 아니다. 동생에게 그럴 만한 자격이 있기 때문에 환영해야 하는 게 아니다. 아버지가 그렇게 하셨기 때문에 환영해야 하는 것이다.

아버지를 사랑한다는 것은 아버지가 사랑하시는 것을 사랑하는 것이다. 하지만 그는 그렇지 않다. 아버지에게서 수백만 킬로미터 멀리 떨어져 있다.

여기서 다시, 예수님은 바리새인들의 마음을 드러내신다. 그들은 온갖 옳은 일을 했다. 모든 율법을 지켰다. 그러나 예수님이 사랑하시는 것을 사랑하지 않았다. 죄인을 환영하지 않았다.

물론 죄인은 환영받을 자격이 없다. 지나치게 감상적으로 생각하지는 말자. 사실 그들 중 상당수가 무섭다. 반역자, 인간쓰레기, 건달이다. 미움을 받아 마땅하다. 하지만 예수님이 그들을 사랑하신다. 예수님이 그들을 환영하신다. 예수님이 그들로 인해 기뻐하신다. 따라서 바리새인들도 그래야 한다. 만약 그들이 예수님이 사랑하시는 사람들을 사랑하지 않는다면, 그들은 자기 마음이 얼마나 하나님께로부터 먼지 보여줄 뿐이다. 또한 그것은 그들이 파티를 놓치는 사람들임을 보여주는 것이기도 하다.

우리의 모습

이것은 자신이 크리스천이라고 주장하는 모든 사람이 자문해 보아야 할 질문이다. 우리는 과연 예수님이 사랑하시는 것을 사랑하는가?

그분은 죄인을 사랑하신다. 하나님을 버리고 자기 인생을 엉망으로 만든 사람들을 사랑하신다. 그들을 얼마나 사랑하시는지, 그들 때문에 기꺼이 하늘 영광을 버리셨다. 기꺼이 이 고통스런 세상을 사셨고, 심지어 고통스런 죽음을 맞으셨다. 그만큼 죄인을 환영하신다. 당신의 마음도 그러한가? 당신도 죄인을 환영하는가? 그들에게 마음이 향하는가?

당신의 교회, 청년 모임, 혹은 또래 그룹이 지금처럼 유지되길 바라지는 않는가? "여기는 내 친구들이 있는 곳이야. 이곳에 다른 사람들이 들어와서 분위기를 망치지 않으면 좋겠어." 하지만 예수님은 죄인을 환영하신다. 우리는 그분의 마음에 동참하는가?

우리는 탕자들이 넘쳐나는 세상에 살고 있다. 자기 꿈을 좇으려고 하나님을 버린 사람들 말이다. 그들은 오늘도 끔찍한 비상 착륙으로 치닫고 있다. 그리고 예수님은 이 탕자들의 세상을 사랑하신다. 우리도 그런가?

　1956년에 짐 엘리엇이라는 청년이 남아메리카 에콰도르의 정글 속으로 들어갔다. 그 이유는 아우카 원주민들에게 예수님을 전하기 위해서였다. 그들은 바깥세상과 한 번도 접촉한 적 없는 야만족이었다. 위험하고 험난했다. 왜 그는 그들에게 마음을 썼을까? 왜 그들을 사랑했을까?

　그는 예수님을 사랑했고, 예수님이 사랑하신 것들도 사랑했기 때문이다. 슬프게도 불과 몇 주일 만에 그는 전도하러 간 원주민들에게 살해당했다.

　짐의 아내였던 엘리자베스가 그 사람들을 증오했을 거라 생각할지 모르겠다. 그들은 그런 대접을 받아 마땅하다. 하지만 그녀는 오히려 그들을 사랑했다. 나중에는 예수님을 전하기 위해 남편이 갔던 그 종족에게 찾아갔다.

　대체 왜 그렇게 했을까? 그녀는 예수님을 사랑했고, 결국 자기 남편을 살해한 사람들까지 예수님의 사랑으로 사랑했기 때문이다.

예수님을 사랑한다는 건 언제나 탕자들을 사랑하는 것을 의미한다. 예수님의 열정이 우리의 열정이 될 것이다. 예수님을 향한 우리의 사랑이 자랄수록 탕자들에 대한 사랑도 자라날 것이다.

이 세상을 향해 예수님의 마음을 품지 않는 우리 자신을 발견한다면 어떡해야 할까?

소망하기는, 예수님을 향한 우리의 사랑에 문제가 있음을 볼 수 있기 바란다. 예수님의 긍휼을 더 많이 알아가라. 그분이 당신에게 보여주셨던 환영을 기억하라. 그러다 보면 당신도 그분이 사랑하신 것을 사랑하게 될 것이다.

생각하라

남은 인생, 당신은 무엇을 할 것인가?

둘째 아들처럼 당신만의 작은 꿈을 좇으며 보낼 것인가?

율법을 지키고 다른 사람들을 멸시하며 '자기 의'라는 종교 안에서 보낼 것인가?

아니면 예수님의 마음에 동참할 것인가?

그분은 죄인을 환영하신다. 당신도 그 일에 함께하겠는가?

마치는 글 - 어디로 가야 할까?

예수님이 해주신 이 이야기는 마지막 순간까지 손에 땀을 쥐게 한다. 우리는 맏아들이 어떤 결정을 내릴지 모른다. 아버지가 아들에게 간청하시는 장면에 우리가 남겨졌다. 당시 예수님의 말씀을 듣던 바리새인 중 상당수는 파티에 참여하기를 거절했다. 예수님을 사랑하기를 거절했고 예수님의 환영도 거절했다. 그들의 마음은 너무 교만했다.

이 책을 읽는 동안 당신도 이리 와서 환영을 받으라는 예수님의 간청을 느꼈을지 모른다.

당신이 둘째 아들처럼 많은 시간을 엉망으로 살았든, 아니면 맏아들처럼 겉으로는 꽤 존경받을 만하든, 이 순간에도 예수님은 그분의 놀라운 환영을 직접 경험해보라고 당신에게 간청하신다.

그것은 당신을 변화시키는 환영이다. 당신의 마음을 그분에 대한 사랑으로 채울 환영이다. 그분을 기꺼이 섬기고 싶게 만들어

줄 기쁨의 환영이다. 이 세상 속으로 들어가 다른 탕자들에게 죄인을 환영하시는 예수님을 전하고 싶은 바람을 주는 환영이다.

    이제 내가 당신에게 해줄 수 있는 조언은 이것뿐이다.

    망설이지 마라!

마지막 당부 - 여기서 멈추면 안 된다

이 책을 다 읽다니 대단하다. 아마도 마음속에 거대한 의문이 달음질하고 있을 것이다. 모든 게 '너무 좋아서 믿어지지 않는다'고 할까?

예수님이 나를 환영하신다는 게 정말일까?
그분을 알아가고 그분의 가족이 된다는 게 가능할까?
도무지 믿을 수 없는 소리로 들릴 것이다.
하지만 예수님께서 이 이야기를 하신 건 그것이 사실임을 우리에게 알려주시기 위해서다.

먼저 지금까지 읽은 내용을 곱씹어볼 시간을 가져라. 성경을 꼭 쥐고 이 이야기를 직접 다시 읽어보라. 누가복음 15장에서 찾을 수 있다. 거기에서 예수님에 관한 위대한 이야기들을 좀 더 읽어보는 것도 좋다.

예수님의 말씀을 진지하게 받아들이는 교회나 모임에 가서 더 많은 내용을 찾아볼 수도 있다. 진짜 크리스천이 되는 게 무엇인지에 대해 더 잘 알 수 있도록 도와줄 것이다.

사명선언문

너희가 흠이 없고 순전하여……세상에서 그들 가운데 빛들로
나타내며 생명의 말씀을 밝혀 _ 빌 2:15-16

1. 생명을 담겠습니다
만드는 책에 주님 주신 생명을 담겠습니다.
그 책으로 복음을 선포하겠습니다.

2. 말씀을 밝히겠습니다
생명의 근본은 말씀입니다.
말씀을 밝혀 성도와 교회의 성장을 돕겠습니다.

3. 빛이 되겠습니다
시대와 영혼의 어두움을 밝혀 주님 앞으로 이끄는
빛이 되는 책을 만들겠습니다.

4. 순전히 행하겠습니다
책을 만들고 전하는 일과 경영하는 일에 부끄러움이 없는
정직함으로 행하겠습니다.

5. 끝까지 전파하겠습니다
모든 사람에게, 땅 끝까지, 주님 오시는 그날까지
복음을 전하는 사명을 다하겠습니다.

서점 안내

광화문점 서울시 종로구 새문안로 69 구세군회관 1층
02)737-2288(T) 02)737-4623(F)

강남점 서울시 서초구 신반포로 177 반포쇼핑타운 3동 2층
02)595-1211(T) 02)595-3549(F)

구로점 서울시 구로구 시흥대로 577 3층
02)858-8744(T) 02)838-0653(F)

노원점 서울시 노원구 동일로 1366 삼봉빌딩 지하 1층
02)938-7979(T) 02)3391-6169(F)

분당점 경기도 성남시 분당구 황새울로 315 대현빌딩 3층
031)707-5566(T) 031)707-4999(F)

신촌점 서울시 마포구 서강로 144 동인빌딩 8층
02)702-1411(T) 02)702-1131(F)

일산점 경기도 고양시 일산서구 중앙로 1391 레이크타운 지하 1층
031)916-8787(T) 031)916-8788(F)

의정부점 경기도 의정부시 청사로47번길 12 성산타워 3층
031)845-0600(T) 031) 852-6930(F)

인터넷서점 www.lifebook.co.kr